AF221375

So lebt

Aachen

*Der perfekte Reiseführer für einen unvergessli-
chen Aufenthalt in Aachen inkl. Insider-Tipps,
Tipps zum Geldsparen und Packliste*

Annika Kirschner

Alle Ratschläge in diesem Buch wurden sorgfältig erwogen und geprüft. Eine Garantie kann dennoch nicht übernommen werden. Eine Haftung für jegliche Personen-, Sach- und Vermögensschäden ist daher ausgeschlossen. Die Benutzung dieses Buches und die Umsetzung der darin enthaltenen Informationen erfolgt ausdrücklich auf eigenes Risiko.

Alle Rechte, insbesondere das Recht der Vervielfältigung und Verbreitung der Übersetzung, vorbehalten. Kein Teil des Werkes darf in irgendeiner Form (durch Fotokopie, Mikrofilm oder ein anderes Verfahren) ohne schriftliche Genehmigung reproduziert oder unter Verwendung elektronischer Systeme gespeichert, verarbeitet, vervielfältigt oder verbreitet werden.

✈ INHALT

Das erwartet Sie in diesem Buch

EIN PAAR EINLEITENDE WORTE ALS KLEINER VORGESCHMACK

Liebe Leserinnen und Leser,
mit diesem Buch möchte ich Ihnen die Schönheit der Stadt Aachen etwas näherbringen. Aachens Geschichte hat eine interessante Kultur hervorgebracht. Viele besondere Menschen lebten hier bereits vor sehr langer Zeit und prägten das Leben der Kaiserstadt bis heute.

Aachen bietet nicht nur eine Fülle an architektonischen Meisterwerken, die nur so sprühen vor Geschichte aus längst vergangener Zeit, sondern die Stadt als vollkommenes Gesamtpaket zeichnet sich durch seinen ganz besonderen Charme aus. Der Aachener weiß, wie er sein Leben genießt, und er findet dafür so viele Wege an diesem einzigartigen Fleckchen Erde. Hier verschmelzen historische Ereignisse mit modernem Intermezzo und sorgen für einen ganz besonderen Charakter, den es so auf der Welt sicher kein zweites Mal gibt.

Die einzigartige Innenstadt genauso wie die unberührte Natur rund um Aachen bieten nicht nur für die Aachener selbst, sondern auch für die vielen Besucher eine Vielzahl interessanter Ausflugsziele und sorgen somit für eine Menge Eindrücke, die Sie bestimmt nicht mehr vergessen werden.

Auch für das leibliche Wohl ist natürlich stets gesorgt, denn der Aachener weiß einen guten Schmaus zu schätzen und verbringt seine Abende nur allzu gern in einem gemütlichen Lokal bei gutem Essen und einem Glas Pfälzer Wein aus der Eifel.

Demnach ist die Aachener Gastronomie-Szene natürlich sehr beliebt und bietet eine Menge Möglichkeiten, sich zwischendurch ein gutes Essen zu gönnen oder einfach nur bei einer schönen Tasse

Kaffee die Aussicht auf den Dom zu genießen und die Seele baumeln zu lassen. Gönnen auch Sie sich einen Ausflug in die wunderschöne Kaiserstadt Aachen, erleben Sie selbst den Zauber, der hier noch immer um sich greift und lassen Sie sich darin treiben und inspirieren.

Fakten

GEOGRAPHISCHE DATEN, EINWOHNERZAHLEN, DIE VERSCHIEDENEN STADTTEILE ETC.

Aachen liegt im Bundesland NRW und ist in insgesamt 7 Stadtbezirke gegliedert:

- Aachen-Mitte
- Brand
- Eilendorf
- Haaren
- Kornelimünster/Wahlheim
- Laurensberg
- Richterich

Die oben aufgeführten Stadtteile zählen, laut aktuellem Stand, insgesamt mehr als 257.000 Einwohner.

Die Großstadt umfasst eine Fläche von ganzen 160,85 Quadratkilometern. Das bedeutet, dass im Schnitt 1.598 Menschen pro Quadratkilometer in Aachen leben. Damit liegt Aachen im Vergleich zu der Bevölkerungsdichte anderer Städte und Gemeinden in Deutschland gerade mal auf Platz 97. Im Vergleich zu anderen Großstädten, wie München, Berlin oder Hamburg, ist Aachen also relativ dünn besiedelt. Im Jahr 1890 zählte Aachen das erste Mal Einwohnerzahlen über 100.000 Menschen und war seitdem nicht nur offiziell zu einer Großstadt ernannt, sondern zudem war sie auch die westlichste Großstadt Deutschlands geworden.

Aachen grenzt an Belgien und den Niederlanden. Ein Wahrzeichen Aachens ist das Dreiländereck, welches die drei Nachbarländer Deutschland, Belgien und die Niederlande miteinander verbindet und einen grandiosen Aussichtsturm beherbergt, von dem aus man, bei gutem Wetter, einen tollen Blick über die einzelnen Länder bekommt.

Zudem liegt die Stadt am Nordrand der Eifel beziehungsweise am Rand des rheinischen Schiefergebirges und zählt daher auch als Mitglied des Landschaftsverbandes Rheinland. Zu den nahe gelegenen großen Städten Deutschlands gehören:

Köln, Düsseldorf, Duisburg, Bonn, Mönchengladbach, Krefeld, Leverkusen.

Die größte nahe gelegene Stadt des Grenzlandes Belgien ist Lüttich oder wie es bis 1949 noch offiziell hieß: Lie`ge. Zu den näheren Städten der Niederlande zählen Maastricht, Heerlen und Roermond.

Das Klima der Stadt Aachen ist mild, da sie zur gemäßigten Klimazone gehört. Das bedeutet, die Luft ist verhältnismäßig feucht, es herrschen überwiegend ausgeglichene Temperaturen und auch die Winter sind vergleichsweise eher lau.

Laut den Statistiken der Klimatologen erreicht Aachen in den Sommermonaten Juli und August seine Höchsttemperaturen von etwa 23 °C. Die niedrigste Temperatur hingegen hat man im Januar zu erwarten. Hier fällt das Thermometer im Durchschnitt auf -1,3 °C ab.

Der Niederschlag erreicht seinen Höchstwert mit stolzen 85,9 mm pro Quadratmeter im Juni, wogegen im Februar mit 48,3 mm pro Quadratmeter die geringste Niederschlagsmenge zu verzeichnen ist. Das höchste Maß an Sonnenstunden gibt es mit etwa 6,4 Stunden pro Tag im Juli. Der Dezember ist mit seinen 1,5 Sonnenstunden pro Tag der wohl dunkelste Monat im Jahr.

Die meisten Regentage gibt es mit durchschnittlich 13 Tagen in den Monaten Dezember, Januar und im März.

Kommt man mit Aachener Bürgern über das Wetter im Allgemeinen ins Gespräch, so hört man schnell heraus, dass viele der Meinung sind, Aachen sei „das Regenloch" Deutschlands, weil es dort verhältnismäßig oft und viel regnen würde.

Ein weit verbreiteter Trugschluss, denn mit seinen insgesamt 830 Litern Niederschlag pro Quadratmeter im Jahr zählt Aachen im Vergleich zum Tabellenführer Balderschwang im Allgäu, mit satten 2.450 Litern pro Quadratmeter im Jahr, zu den im unteren Bereich verzeichneten Gebieten.

Allerdings besteht trotz dieser Daten noch die besondere Situation, dass häufig vom Atlantik her einige Tiefdruckgebiete über die Region hereinziehen und diese verursachen dadurch oft den sogenannten Nieselregen oder auch Landregen.

Dies führt dazu, dass es in Aachen zwar verhältnismäßig wenig, dafür jedoch relativ oft regnet. Die Tatsache, dass Aachen als sogenanntes „Regenloch" bezeichnet wird, rührt also nicht daher, dass es dort ständig regnet, sondern dass es in Aachen im Vergleich zu einigen anderen Regionen im Südwesten Deutschlands sogar weniger Niederschlag gibt.

ANNIKA KIRSCHNER

Geschichte und Ursprung

ENTWICKLUNG SEIT DER GRÜNDUNG

Bereits zu Uhrzeiten entstanden im Stadtgebiet in und um Aachen durch Überschiebungsbahnen des alten Gesteins warme Quellen. Über 30 Aachener und Burtscheider Thermalquellen traten zutage und zählen noch bis heute zu den ergiebigsten Thermalquellen Deutschlands.

Einige Quellen, wie zum Beispiel das bekannte Karlsbad mit seinen 72 °C, zählen zu den heißesten Quellen Mitteleuropas. Seit der römischen Besiedlung Aachens, etwa ab dem 1. Jahrhundert, wurden die besonderen Quellen zu Heilzwecken angewandt und dienten vor allem der wirtschaftlichen und politischen Weiterentwicklung Aachens. Die Römer legten viel Wert auf ihre Körperpflege und hatten ein gutes Gespür für den Wert von sauberem Wasser.

Viele Heilbäder wurden errichtet und es entstand die typische Badekultur der Römer. Doch nicht nur das Bäderwesen war ein erfolgreicher Markt in der damaligen Zeit. Auch saubere Kleidung war ein wertvolles Gut unter den Römern, wodurch sich rasch auch die Tuch- und Nadelindustrie entwickelte. Auch die Produktion von Mineralwasser war durch die vielen Quellen möglich und machte Aachen zu einem mächtigen und wichtigen Absatzgebiet. Die dadurch gewonnene Lebensqualität war für damalige Verhältnisse ein großes Glück und erleichterte den Alltag der Menschen erheblich.

Doch mit großer Freude geht bekanntlich auch so manches Leid daher, denn die anfänglich beschriebenen Überschiebungsbahnen der Steinplatten im Umland sorgten im Laufe der Geschichte immer Mal wieder zu mäßigen bis kräftigeren Erdbeben. Die afrikanische Erdplatte drückt südlich von Italien noch heute gegen die europäische Platte. Durch die entstehenden Druckwellen werden die Schwächezonen in der Erde besonders belastet und es kommt, wie zum Beispiel in der Kölner Bucht, immer wieder zu Spannungen, die das Beben hervorrufen. In Aachen selbst war dieses Ereignis schon häufiger spürbar. Beispielsweise wurde durch eines der Erdbeben im Jahr 1692 ein Turm der damaligen Augustinerkirche zum Einsturz gebracht.

Am 18. Februar 1756 wurde erstmals ein Erdbeben aufgezeichnet, das zwei Tote gefordert hatte, die durch einstürzende Gemäuer erschlagen wurden. Ein Mann wurde zudem noch schwer verletzt. Seit der Aufzeichnung des ersten Erdbebens im Jahr 823 wurde bis zum heutigen Tag immer wieder von Erdbeben berichtet, die in und um Aachen zum Teil schwere Schäden anrichteten. Vor allem alte Gebäude waren immer wieder von der Macht der Steinplatten betroffen.

Interessant ist ebenso die Entwicklung der Einwohnerzahlen im Aachener Raum. Ab dem 15. Jahrhundert wurden regelmäßig Zählungen durchgeführt, damit man feststellen konnte, wie viele Bürger- und Bürgerinnen mittlerweile in Aachen beheimatet waren. Um etwa 1500 waren es rund 18.000 Menschen, die dort lebten. Während des Dreißigjährigen Krieges in den Jahren 1618 bis 1648 wuchs die Zahl der Einwohner um etwa 4.000. Etwa um 1780 fiel die Zahl der Bürger wieder um etwa 2.000, sodass in Aachen nun etwa 20.000 Menschen lebten.

Ungefähr 150 Jahre stieg die Zahl der Anwohner stetig, wodurch vor dem Ersten Weltkrieg, der 1914 begann und vier Jahre später sein Ende nahm, eine Einwohnerzahl von 140.000 Anwohnern gezählt wurde. Dieser rege Bevölkerungswachstum lässt sich auf die Industrialisierung im 19. Jahrhundert zurückführen, wodurch Aachen auch erstmals offiziell zur Großstadt ernannt wurde.

1939 wurden erstmals stolze 160.000 Aachener Bürger- und Bürgerinnen gezählt. Danach waren die Auswirkungen des Zweiten Weltkriegs in Aachen nur allzu deutlich spürbar. Durch Luftangriffe von Alliierten wurden 65 % des gesamten Wohnraumes in Aachen vollständig zerstört, wodurch eine Zwangsevakuierung der Bürger angeordnet wurde. Dadurch hatte Aachen die niedrigste Einwohnerzahl seit Beginn der Aufzeichnungen.

Nur noch 6.000 Menschen lebten Ende 1944 dort. Nachdem die sechswöchige „Schlacht um Aachen" zugunsten der Alliierten entschieden war, zogen die vielen zwangsevakuierten Menschen zurück in ihre Heimat. Dadurch gab es innerhalb von kürzester Zeit einen Zuwachs von über 100.000 Bürgern. Des Weiteren stieg die Einwohnerzahl im Laufe der Jahre immer mal wieder an, zum Beispiel durch die verschiedenen Eingemeindungen in den

70er-Jahren. Dadurch bekam Aachen etwa 63.000 neue Mitglieder. Auch als die Zweitwohnsitzsteuer erhoben wurde, entschieden sich beispielsweise viele Studenten, Aachen als ihren Hauptwohnsitz anzugeben. Dadurch kamen wieder rund 9.000 Bewohner hinzu.

DIE GRÜNDUNGSVÄTER

Die ersten Bewohner Aachens waren, Ausgrabungen im Elisengarten zufolge, eine Vielzahl von Bauern und Hirten, die dort ihr Land bewirteten. Dies geschah während der Jungsteinzeit etwa 2500 bis 3000 vor Christi. Es war quasi der Übergang von Jäger- und Sammler-Kulturen zu den schon weitaus intelligenteren Bauern- und Hirten-Kulturen.

Auf dem bereits bekannten Lousberg wurden außerdem Artefakte aus Feuerstein entdeckt. Vermutlich wurde dort – sowie auf dem Schneeberg und dem Königshügel – Feuerstein abgebaut und für die Herstellung von Werkzeugen genutzt, die man für die landwirtschaftliche Nutzung der Grünflächen und für das alltägliche Leben benötigte. Es entstanden kleindörfliche Siedlungen, in denen die Menschen zusammen lebten, Ackerbau betrieben, Nutztiere hielten oder Töpfe und Keramik aus Ton herstellten. Sie fertigten auch Waffen sowie Beile, Dolche, Messer und Speerspitzen für die Jagd und zur Verteidigung gegen Angreifer. In der Eisen- und Bronzezeit – etwa 2200 bis 800 vor Christi – wurde Aachen durch Kelten besiedelt. Dies lassen Funde von prägnanten Hügelgräben vermuten, die im Aachener Wald entdeckt wurden.

Die Kelten zählten – wie auch die Römer – zu den bereits hochentwickelten, antiken Volksgruppen. Sie hatten eine – für damalige Verhältnisse – sehr ausgeprägte Kultur und soziale Strukturen, die das Leben in der Gruppe bestimmten. Etwa 200 Jahre später siedelten die ersten Römer in Aachen, woraufhin sich dieses Netzwerk aus sozialer und wirtschaftlicher Sicht rasch weiterentwickelte.

Um Christi Geburt etwa soll die Stadt Aachen bereits 25 Hektar Land umfasst haben. Dadurch gab es einen großen Lebensraum für die Menschen. Es wurden Heilbäder errichtet, die Aachen von nun an prädestinieren sollten. Daher bekam Aachen von den Römern auch den Namen Aquae Granni. Auch in der Spätantike ging der Bau der römischen Bäder stetig weiter. Bis zum Jahr 700 war Aachen durchgängig von Römern besiedelt. Nach dem Abzug der Römer in Aachen, etwa Ende des 4. bis Anfang des 5. Jahrhunderts, wurde die Stadt mit ihren einzigartigen

Thermalbädern von den Franken weiter genutzt. Darauf weisen weitere Funde durch Ausgrabungen im Elisengarten im Jahr 2008/09 hin.

Die erste schriftliche Erwähnung der Stadt Aachen – als Aquis Villa – erfolgte im Jahr 765, dadurch dass der fränkische König Pippin der Jüngere das Weihnachtsfest und auch das darauffolgende Osterfest dort verbrachte. Er ist der Vater von Karl dem Großen. Im Jahr 751 wurde der ehemalige Hausmeier Pippin der Jüngere von den Franken zum König gekrönt.

Sein Sohn Karl der Große wurde im Jahr 768 als Nachfolger seines Vaters zum König gekrönt. Die ersten drei Jahre teilte sich Karl der Große allerdings die Herrschaft mit seinem Bruder Karlmann, der im Jahr 771 schließlich verstarb. Karl der Große errichtete daraufhin eine große und prächtige Königspfalz mitten in Aachen. Im Januar 814 verstarb der inzwischen durch den Papst zum Kaiser ernannte Karl in Aachen. Er wurde im Vorhof der Pfalzkapelle beigesetzt. 813 bereits wurde Ludwig der Erste im Beisein seines Vaters Karl zum Mitkaiser gekrönt.

Der Aachener Dom, wie wir ihn heute kennen, wurde anstelle der Pfalzkapelle, die von Karl dem Großen erbaut wurde, errichtet. Der Dom ist inzwischen stolze 1.200 Jahre alt. Im Laufe der

Jahrhunderte erfolgten zahlreiche Umbauten, An-
bauten und auch Abrisse, die wieder neu aufgearbei-
tet wurden. Bis in das Jahr 1531 wurden im Aachener Münster 30 deutsche Könige gekrönt. Der erste
König war Otto der Erste. Als letzter im Dom gekrön-
ter König vermerkt, wurde im Jahr 1531 Ferdinand
der Erste.

Im Jahre 1165 wurde Karl der Große, während
der Herrschaft von Kaiser Friedrich dem Ersten, von
Papst Paschalis dem Dritten heilig gesprochen.
Zwanzig Jahre später erwirkte Kaiser Friedrich der
Erste – auch bekannt unter dem Namen Barbarossa
– das Gelnhauser Privileg oder auch das Karlsprivi-
leg. Ein Freiheitsbrief, der dazu führte, dass die Re-
gierungsgewalt der Stadt nun nicht mehr in der
Hand der Kirche lag, sondern in Gänze vom Kaiser
und der Bürgerschaft ausgehen sollte.

Dadurch bekamen die Menschen diverse Stadt-
rechte sowie Markt- und Münzrechte zugesprochen
und wurden von der Lehnhörigkeit befreit. Unter-
dessen wurde Aachen zur Reichsstadt. Dies bedeu-
tete zur damaligen Zeit ein hohes Maß an Eigenstän-
digkeit und Unabhängigkeit für die Bürger. Ihnen
wurden 1215 von Kaiser Friedrich dem Zweiten er-
neut alle Rechte zuteil, die sie einst schon von Karl
dem Großen erhalten hatten.

AUFBAU DER ALTSTADT

Zum Schutz des inneren Stadtkerns von Aachen wurde im Jahr 1171 eine Stadtmauer errichtet. Dies geht auf Kaiser Barbarossa zurück, der den Bau anordnete. Die Stadtmauer verlief in etwa entlang des heutigen Grabenrings. Bei einer sechsmonatigen Belagerung im Jahre 1248 wurde Aachen innerhalb der Ummauerungen größtenteils überschwemmt und fiel. Zehn Jahre später wurde Richard von Cornwall im Aachener Münster gekrönt und dieser förderte daraufhin den Bau eines weiteren äußeren Mauerrings, der am Alleenring entlang führt.

Von ihm sind auch heute noch zwei von ehemals elf Stadttoren erhalten. Das Ponttor – gebaut im Jahre 1250 –, welches man noch heute bewundern kann, befindet sich am Ende der belebten Pontstraße. Aber auch das Marschiertor ist noch vollständig erhalten. Es wurde 1257 errichtet und befindet sich am Ende der Franzstraße. Bevor das Marschiertor 1960 restauriert wurde und von da an unter der Obhut der „Oecher Penn" (Stadtgarde) stand, diente es diversen anderen Zwecken. Zum Beispiel waren hier eine Unterkunft für Obdachlose, ein Heim und eine Jugendherberge zu verschiedenen Zeiten untergebracht. Eine Zeit lang diente es auch schlichtweg als „Rumpelkammer". Die beiden Tore gehören zu den größten erhaltenen Stadttoren ihrer Zeit von ganz Westeuropa. Insgesamt betrug die Bauzeit der äußeren Stadtmauer etwa 100 Jahre. Sie verfügte über 11 Stadttore und 22 Türme, von denen aus man feindliche Truppen schon frühzeitig ausfindig machen sollte. Von den Türmen sind insgesamt noch fünf erhalten sowie Reste der Barbarossamauer selbst. Der Aachener Landgraben sollte der Bevölkerung zusätzlichen Schutz vor Angriffen bieten.

Liste der erhaltenen Türme der ehemaligen Stadtbefestigung:

Marienburg in der Ludwigsallee, der lange Turm in der Turmstraße, Turm Lavenstein beim Boxgraben, das Pfaffentürmchen in der Nähe vom Westpark und der Adalbertsturm am Kaiserplatz.

Erst im Jahre 1841 wurde erstmals außerhalb der Mauern um die Altstadt gebaut. Hier entstanden neue Wohnräume sowie das Bahnhofsviertel und die Theaterstraße. Die weitere Umgebung Aachens, bestehend aus dem Reichswald, dem Stadtbusch und der Aachener Heide, diente der Land- und Forstwirtschaft und sicherten die Versorgung der Aachener.

Die Errichtung des heutigen Rathauses wurde 1349 durch den damaligen Bürgermeister Gerhard Chorus veranlasst. Es entstand auf den Resten der baufälligen Königshalle, in der von Karl dem Großen erschaffenen Kaiserpfalz. Es wurde zum Ersatz des ersten Rathauses, dem Grashaus, dessen Fertigstellung im Jahr 1267 erfolgte. Das Grashaus ist eines der ältesten Häuser Aachens und befindet sich direkt am Fischmarkt. Seinen Namen erhielt es durch seinen Standort direkt am mittelalterlichen Dorfanger, der meist von Gras bewachsen war.

Dies war der Platz im Dorf, an dem sich die Gemeinde zu gemeinsamen Aktivitäten zusammenfand. Es wurde zusammen geschlachtet, Brot gebacken, Töpfe aus Ton wurden hergestellt und im Dorfteich wurde geangelt. Es war auch der Ort, wo die Menschen ihre Nutztiere hielten und versorgten. Auch Reisende, die mit ihren Pferden die Stadt passierten, hatten hier die Möglichkeit, ihren Tieren Wasser und Futter zu geben. Es fanden aber auch Volksfeste und Ratsversammlungen dort statt. Zudem war dort meist der Richtplatz für diverse Stammesrechte und teilweise fanden auch Hinrichtungen statt, was damals auch einer Art Volksveranstaltung entsprach. Heutzutage würde man den Dorfanger sozusagen als Parkanlage bezeichnen.

Ein drittes Rathaus, der Pfützer Bau, wurde 1903 auf dem Katschhof errichtet. Es wurde jedoch 1950 abgerissen, da es während des Zweiten

Weltkrieges durch Bombenangriffe teilweise zerstört worden war. Heute steht an dieser Stelle ein Verwaltungsgebäude. Der Katschhof bekam seinen Namen aufgrund eines ehemaligen Prangers, der sich auf ihm befand. Er liegt genau zwischen Dom und Rathaus. Man erkennt durch die rechteckige Formation des Katschhofes die mittelalterliche Bauweise im Stil von Karl dem Großen, der seine Kaiserpfalz in derselben Art bauen ließ. Nach wie vor dient er vielen kulturellen Veranstaltungen der Aachener, wie zum Beispiel dem alljährlichen Aachener Weihnachtsmarkt.

Die historischen Kirchen, die neben dem Aachener Münster noch immer existieren, sind unter anderem:

Die St. Adalbertkirche. Sie wurde im Jahr 1005 geweiht und ist somit die zweitälteste Kirche Aachens. Sie befindet sich auf dem Kaiserplatz. Die St. Kornelius, eine ehemalige Klosterkirche, wurde im 14. Jahrhundert nach einem Brand neu errichtet und es entstand eine fünfschiffige Basilika im Stadtteil Kornelimünster. Die Kirche St. Foillan befindet sich im Bereich der Fußgängerzone und ist einzig und allein durch eine schmale Gasse vom Dom getrennt. Sie ist die einzige Kirche im gesamten deutschsprachigen Raum, die vom Heiligen Foillan geweiht wurde. Die St. Peter wurde im Jahr 1717 im Barockstil erbaut. Die Kirche zählt mit zu den ältesten Denkmälern von ganz Aachen. Sie liegt in direkter Nachbarschaft zum Bushof. Geweiht wurde sie dem Heiligen Petrus, wodurch sie auch zu ihrem Namen kam.

Des Weiteren gibt es noch eine Reihe weiterer erwähnenswerter Wahrzeichen der Altstadt von Aachen. Zum Beispiel wäre dort der Granusturm, der Teil der ursprünglichen Kaiserpfalz von Karl dem Großen war und im Jahr 788 fertiggestellt wurde. Der gewaltige Turm misst ganze 20 Meter. Schlendert man durch die Krämerstraße kommt man ganz automatisch am berühmten Puppenbrunnen vorbei, der 1975 erschaffen wurde. Entworfen wurde er vom Aachener Bildhauer Bonifatius Stirnberg.

Er steht für all das, was Aachen ausmacht. Beispielsweise gibt es den Reiter auf seinem Pferd, der als Zeichen der Aachener Reitturniere entstanden ist, oder die Modepüppchen, die in Gedenken an Aachens Tuchindustrie dazu gehören. All die Puppen haben bewegliche Gelenke und nehmen so oft verschiedene Posen ein, wenn sie von Passanten bewegt werden. Der Elisenbrunnen ist ein weiteres Erkennungszeichen der Stadt. Eröffnet wurde der Brunnen am Friedrich-Wilhelm-Platz am 2. Mai

1827. Es gibt eine offene Wandelhalle, die an der Vorderseite mit einer Säulenvorrichtung umgeben ist, sowie je zwei Pavillons an jeder Seite als auch diverse Räumlichkeiten. Der charakteristische Geruch nach faulen Eiern rührt von den Trinkbrunnen der Kaiserquelle, dessen Wasser stark schwefelhaltig ist.

Die Domschatzkammer, die über eine beachtliche Sammlung kirchlicher Kulturschätze aus aller Welt verfügt, sollte auch nicht in Vergessenheit geraten. Unter anderem berichten die fränkischen Reichsannalen, dass zur Einweihung der Pfalzkapelle im Jahr 799 ein sagenhafter Reliquienschatz aus Jerusalem übersandt wurde. Da wäre auch noch der Königsthron, dessen Fertigung 790 von Karl dem Großen in Auftrag gegeben wurde. Damals gehörte er zur Pfalzkapelle und ist heute im Aachener Dom zu bewundern.

Sagen und „alte" Geschichten

Genauso wie viele alte Städte und Regionen birgt natürlich auch Aachen so manches Mystische und Geheimnisvolle. Durch seine stets bewegte Geschichte sind so einige Sagen entstanden und an diesen möchte ich Sie gerne teilhaben lassen.

DER BAHKAUV

Eine der Geschichten handelt von dem sogenannten „Bahkauv" (Bachkalb). Er wird beschrieben als Tier, welches einem überdimensional großen Ringelwurm ähneln soll. Der Sage nach überfiel es nachts, am Platz zwischen Büchel und Holzgraben, zumeist die Männer, die volltrunken und bereits viel zu spät von der Zeche auf dem Heimweg waren. Es soll ihnen auf den Rücken gesprungen sein, um somit den Heimweg für die Männer bis zu ihrer Ankunft nach Hause zu erschweren.

Der Legende nach gab es an diesem Platz damals einen Quellbereich, der stark nach Schwefel gerochen haben soll und an dem vor allem die arme Bevölkerung ihre Kleidung gewaschen hätte. Während des – oftmals verspäteten – Heimwegs aus der Schenke mussten die Trunkenbolde häufig an diesem Ort entlang, um nach Hause zu gelangen. Wahrscheinlich wurde ihnen beim Geruch der Schwefelschwaden aus der Quelle schlecht und somit traten sie gekrümmt und schwerfällig ihren weiteren Weg an.

Wenn sie dann zuhause angekommen waren, erzählten ihnen ihre Frauen von dem unheimlichen „Bahkauv". Es heißt nämlich, dass diese Legende von

den Frauen ins Leben gerufen wurde, um ihre Männer zu ängstigen, damit sie früher nach Hause kä-
men.

DER KLENKES

Weniger eine Sage als eine wahre Geschichte ist der
sogenannte „Öcher Gruß", bei dem sich Aachener bereits aus der Ferne erkennen konnten. Noch heute
ist dieser Gruß unter den Aachenern ein bekanntes
Zeichen. Diese Geschichte lässt sich auf die in Aachen
bereits seit dem Mittelalter praktizierte Tuchindustrie zurückführen.

Durch die vielen kleinen Bäche rund um Aachen
und das äußerst kalkarme Wasser entstanden hier
schon früh etliche Spinnereien, Färbereien und
Tuchfabriken. Sie alle nutzten die Wasserkraft und
es wurden an so gut wie jedem Bach Mühlen gebaut.
In der Blütezeit des Tuchhandwerks waren es bereits rund 250 Betriebe, in denen fleißig gearbeitet
wurde.

Dadurch entstand nun auch ein neuer Industrie-
zweig: die Nadelindustrie. Damals wurden die in den
Fabriken gefertigten Nadeln noch mit der Hand kon-
trolliert, um feststellen zu können, ob sie maschinen-
tauglich waren. Meist waren es Kinder und Frauen,

die nun mit dem kleinen Finger der rechten Hand die Qualität der Nadeln prüfen sollten. Sie rollten dazu die Nadeln über eine ebene Fläche und wenn die Nadelspitze keine Kreisbewegungen machte, war sie intakt und konnte in den Vertrieb. Frei nach dem Motto: „Die guten ins Töpfchen, die Schlechten ins Kröpfchen."

Allerdings entstanden durch das sogenannte „Ausklinken" der Nadeln auf Dauer eine Fehlbildung der kleinen Finger und vor allem bei den Kindern führte dies zu erheblichen Wuchsstörungen. Da diese Arbeitsmethode jedoch trotz allen Umständen zu dieser Zeit sehr gängig war, gab es viele Menschen, die mit diesem Handwerk ihren Lohn verdienten. So konnte man auf der Straße lange seinesgleichen am rechten, kleinen Finger feststellen. Noch heute gilt der „Aachener Klenkes" als typischer Gruß unter den Aachenern.

DIE „DOMBAU-SAGE"

Diese in Aachen allseits bekannte Sage beschreibt einen Pakt zwischen den Aachener Bürgern und dem Teufel. Entstanden ist die Sage zu der Zeit, als mit dem Bau des Aachener Münsters – dem heutigen Dom – bereits begonnen worden war. Also etwa um 700 seit Anbeginn der Zeitrechnung.

Die Menschen hatten sich mit diesem mächtigen Bauwerk wohl etwas verkalkuliert und so wurde ihnen bereits zu Beginn des Errichtens dieser majestätischen Bischofskirche das Geld knapp. Somit kam eines Tages der Teufel zu ihnen und machte ihnen ein fürchterliches Angebot. Er schlug ihnen vor, den Bau des Münsters mit Gold zu unterstützen, damit sie weiter daran arbeiten konnten. Im Gegenzug dessen verlangte er, dass die erste Seele, die den Dom betreten sollte, ihm gehören würde.

Aus ihrer Not heraus nahmen die Aachener das Angebot des Teufels an. Nachdem er gegangen war, überlegten die Aachener, welche Seele sie diesem Schicksal überlassen sollten. Ein Geistlicher sollte es jedenfalls auf keinen Fall sein. Nach reichlicher Überlegung hatten sie eine Idee. Der Teufel hatte mit keiner Silbe erwähnt, dass es eine menschliche Seele sein sollte, die den Dom betritt. Die Menschen gingen also los und fingen nach der Fertigstellung des Doms einen Wolf. Diesen sperrten sie in den Münster und warteten ab, was nun geschehen sollte.

Der Teufel ließ nicht lange auf sich warten. Er kam, um sich seine versprochene Seele zu holen und mit in die Hölle zu nehmen. Da erkannte er, dass die Aachener Bürger ihn überlistet hatten und ihm anstelle eines Menschen einen Wolf überlassen hatten. In unendlicher Wut über die arglistige Täuschung und dass er darauf hineingefallen war, entriss er dem Wolf seine Seele und stürmte aus dem Dom heraus. Voller Wucht schlug er daraufhin die große, schwere Tür des Münsters zu. Dabei entstand ein großer Riss in der Tür und der Teufel quetschte sich seinen Daumen so fest, dass er zurückblieb und direkt in das Türschloss fiel. Daraufhin verschwand der Teufel, doch sein Daumen blieb fortan im Schloss stecken. Dies verunsicherte die Aachener und sie versuchten daraufhin alles, um das Bruchstück des Teufels verschwinden zu lassen. Es wurde sogar ein Sack voll Gold als Belohnung für denjenigen ausgesetzt, dem es gelingen sollte, den Daumen mit eigener Kraft aus dem Schloss zu ziehen.

Noch heute kann man den großen Riss im Tor des Aachener Doms bewundern. Zudem befindet sich auch das Schloss in Form eines Löwenkopfes immer noch dort und wenn man es anfasst, so kann man immer noch den „Daumen des Teufels" erfühlen, der sich nach wie vor im Schloss befindet.

Vielleicht sind Sie ja die Person, die es schafft, den Daumen zu holen und die Aachener von ihrem Schrecken zu erlösen.

... VOM TEUFEL UND DER BAUERNMAGD

Wütend über seine Niederlage gegen die Aachener nach dem Bau des Dom schwor der Teufel, Rache zu üben. Nach einem Jahr, so heißt es, wollte er nach Aachen zurückkehren und ihnen ihre geliebte Heimat – und somit auch den mit Mühe erschaffenen Dom – wegnehmen.

Aachen befand sich auch zur früheren Zeit schon in Tallage, wodurch der Teufel auf die Idee kam, die Stadt mit Sand zu überschütten, um sie zu vernichten. Er machte sich auf den Weg, nachdem er einen riesigen Sack mit Sand aufgetrieben hatte. Als er schon eine gefühlte Ewigkeit unterwegs war, noch dazu mit dieser schweren Last, die er tragen musste, schwanden langsam seine Kräfte und er entschloss sich, eine Pause zu machen. Er wusste nicht, dass er sein Ziel beinahe schon erreicht hatte. Er setzte sich auf einen Stein und ruhte sich aus.

Plötzlich erschien eine arme, alte Bauernmagd auf seinem Weg. Er fragte die nette Dame, ob sie ihm den Weg erklären könnte und wie lange es noch dauern würde, bis er Aachen erreichen würde. Die Bauersfrau war jedoch sehr klug und erkannte den Teufel sofort an seinem markanten Pferdehuf. Da sie ahnte, was er vorhatte, entschloss sich die kluge Frau, den Teufel zu überlisten.

Sie deutete auf ihre Schuhe, die bereits sehr abgenutzt und zerschlissen waren und beteuerte, dass Sie gerade aus Aachen käme und sich diese Schuhe in der Stadt neu gekauft hätte. Die Stadt sei noch so weit entfernt, dass die Schuhe auf dem weiten Weg nun völlig hinüber seien. Der Teufel überlegte nun, ob er seine Reise trotz allem fortsetzen sollte, denn ansonsten wären seine Rachepläne und Vorbereitungen ja nun völlig umsonst gewesen.

Die alte Bauernmagd riet ihm davon ab, den weiteren Weg anzutreten. Sie beteuerte, dass er es niemals schaffen könnte, vor allem nicht mit diesem riesigen Sandsack auf dem Rücken. Völlig erschöpft von der langen Reise und gleichzeitig voller Wut über die vertane Mühe schmetterte der Teufel den Sandsack gegen den Stein, auf dem er gesessen hatte, und brachte ihn so zum Zerbersten.

An dieser Stelle befindet sich heute der in Aachen allseits bekannte Lousberg. In Gedenken an diese schöne Legende wurden an der vermeintlichen Stelle der Zusammenkunft des Teufels mit der Magd Denkmäler errichtet, die man heute noch bewundern kann.

Zunächst wurde das Denkmal des Teufels mit sichtbaren zwei Daumen erschaffen. Einer wurde später von Unbekannten entfernt, wahrscheinlich um der vorherigen Sage treu zu bleiben.

Typisch „Öcher"

KLISCHEES UND STEREOTYPEN

Das mit den Klischees ist natürlich so eine Sache. Einerseits möchte natürlich niemand mit Vorurteilen behaftet werden, die ein bestimmtes Verhalten voraussetzen – dies gilt sowohl für einzelne Personen als auch für ein ganzes Land oder eine Stadt –, andererseits kann sich wohl auch kaum jemand davor schützen.

Es liegt quasi in der Natur des Menschen, ein erlebtes Ereignis auf die Allgemeinheit zu projizieren. Es geschieht ganz automatisch. Je häufiger sich das gespeicherte Ereignis in diesem Maße wiederholt, desto häufiger wird das entstandene Bild im Kopf untermauert und trifft man dann noch auf Gleichgesinnte, denen es in derselben Situation ähnlich ergeht, entstehen schnell die eben genannten

Klischees. Meistens ist das Wort Klischee ja eher negativ behaftet, jedoch solange jene allerdings niemandem direkt schaden, können sie auch durchaus liebevoll gemeint sein. Sie setzen viel mehr einen gepflegt lustigen Umgang miteinander voraus, nach dem Motto „Was sich liebt, das neckt sich." Oftmals geht es bei diesen typischen Vorurteilen um direkte Nachbarländer oder Städte, die sich so gegenseitig eine eigene Identität schaffen und dadurch einen besonderen, unverwechselbaren Wert bekommen. Bei der Gelegenheit nehmen sie sich dann eben gleich noch etwas aufs Korn.

Auch die Aachener haben sich im Laufe der Zeit einen gewissen Ruf angeeignet. Dieser wurde vor allem von den direkten Nachbarländern Belgien und den Niederlanden geprägt. So wie der Deutsche meist zunächst an Fritten oder Waffeln denkt, wenn er Belgien hört, oder an Tulpen und Käse bei den Niederlanden, so haben natürlich auch diese Länder sich im Laufe der Zeit ein gewisses Bild des typischen Deutschen geschaffen. Pünktlichkeit und Ordnung stehen bei ihm an erster Stelle. Da kann man auf seinem Weg zur Arbeit mit dem eigenen PKW schon einmal in Raserei verfallen oder dem anderen Autofahrer den letzten Parkplatz wegschnappen. Außerdem schätzt der typische Deutsche nichts mehr als ein gepflegtes Feierabendbier. Da Aachen in der direkten Nachbarschaft liegt, hat man sich aber im Laufe der Zeit einiges voneinander abgeschaut. So fällt auf, dass der Aachener quasi sein eigenes Tempo entwickelt hat, was seinen Alltag anbelangt. Ist man in Aachen unterwegs, so spürt man diese Ruhe und die Gemütlichkeit, die von den Aachenern ausgestrahlt wird. Hier scheinen die Uhren etwas anders zu laufen, als man es sonst von den Deutschen gewohnt ist.

Diese Gelassenheit hat sich wahrscheinlich durch die Nähe zu den Niederlanden eingebürgert, denn viele von ihnen leben und arbeiten mittlerweile hier. Auch eine sehr offene Art wird den Aachenern von ihren Nachbarn zugesprochen und auch diese gewisse Bodenständigkeit wird ihnen zuteil. Dies kann auch mit den starken Einflüssen der Eifler einhergehen, die für diese Lebensart sehr bekannt sind.

Sie schätzen ihre Heimat in dieser einzigartigen Natur und sind stolz auf ihre reiche Weinkultur. Obwohl auch die Eifler schon oft von den Aachenern aufs Korn genommen oder als etwas weltfremd betitelt wurden, wie es heißt, verbindet die Eifler und die Aachener doch sehr viel. Alles in allem ist der Aachener also ein offener, liberaler und auch sehr bodenständiger und gemütlicher Zeitgenosse, der sich trotz all den Einflüssen anderer Kulturen und Länder immer noch etwas von der eigenen Mentalität bewahrt hat.

Letztendlich zeigen diese Klischees doch auch immer nur einen kleinen Teil eines großen Ganzen und deshalb sollten Sie es nicht versäumen, sich Ihr eigenes Bild von Aachen und seinen Bürgern zu machen.

KLASSISCHE WORTGEBRÄUCHE

Viele Regionen Deutschlands zeichnen sich durch spezielle Wortgebräuche und abgewandelte Formen der deutschen Sprache aus. In Aachen wird demzufolge natürlich auch kein reines Hochdeutsch gesprochen, denn das wäre tatsächlich viel zu schade.

Das für den frühen Aachener charakteristische „Oecher Platt" zeichnet sich durch seine einzigartige Sprachmelodie aus, die von einigen als sogenannter Singsang empfunden wird. Das typische Oecher Platt ist ein mitteldeutscher Dialekt, der je nach Region auch noch variiert. In benachbarten Orten, wie zum Beispiel Düren oder Eschweiler, fällt die Aussprache wieder etwas anders aus als in Aachen selbst. Das Oecher Platt ist verwandt mit dem niederländischen

Limburger Platt und ist für Leute, die ausschließlich Standarddeutsch gewohnt sind, kaum zu verstehen. Jedoch verliert die Sprache immer mehr an Beliebtheit. So wird sie seit dem Zweiten Weltkrieg immer seltener und meistens leider nur noch von der älteren Bevölkerung gesprochen.

Allerdings sind noch ein paar traditionelle Aachener da, die für sich die Sprache noch immer in ihren Alltag integrieren und sich somit ein Stück ihrer Geschichte bewahren. Zu diesem Zweck wurden auch spezielle Vereine für Mundart gegründet, in denen man gemeinsam Platt spricht. Regelmäßig werden Theater auf Platt aufgeführt und zu diversen Veranstaltungen eingeladen, um die wertvolle Tradition zu pflegen und an die Nachwelt weiterzugeben.

Eine solche Aufführung kann man zum Beispiel im Oecher Schängche bewundern. Dort werden seit 1921 vor allem Stabpuppentheater für Kinder, aber auch für Erwachsene aufgeführt. Stets in einem ausgewogenen Verhältnis aus Platt- und Hochdeutsch. Auf diese Weise ist es für jeden verständlich und die Kinder werden langsam an den Dialekt herangeführt.

Um Ihnen diese interessante Sprache etwas näherzubringen, folgen gleich einmal ein paar typische Oecher Wortlaute, die man in Aachen bei vielen Gelegenheiten aufschnappen könnte.

- Adieda = Tschüss
- Allemansfrönd = Jedermanns Freund
- au Banan = Ausruf des Erstaunens
- au huur = Ausruf (passt immer!)
- Börjemeäster = Bürgermeister
- Dat trekt hü atworm = Das zieht heute wieder
- Dröimfott = Traumpopo
- dubbele merssi = Vielen Dank
- Eäzekomp = Karlsbrunnen
- fuutelt = Falsch spielen
- Halsping = Halsschmerzen
- Ich hab kalt = Mir ist kalt
- jecke Verzäll = Dummes Gerede
- Klömpckes = Bonbons
- Leckerschen = Hübsches Mädchen
- Long Wajong = Doppelgelenkbus
- Mach dor kopp zu = Sei still!
- Nobber = Nachbar
- Plüschprum = Pfirsich
- Pläsier = Vergnügen

- pratschjek = Sehr ausgelassen
- Püss = Bett
- schachten = Seine Notdurft verrichten
- Schwellmann = Pellkartoffel
- worömm = Warum

Bräuche & Traditionen

DER AACHENER KARNEVAL

Eine der wohl bekanntesten Traditionen der Stadt Aachen ist der alljährliche Karneval. Obwohl jeder bei dem Begriff Karneval sofort an die Stadt Köln denkt, liegt der Ursprung dieser Kultur tatsächlich in Aachen. Zwar wurde der erste offizielle Verein zum Karneval in Köln gegründet, doch den Aachenern verdankt man dabei heute das Tragen der speziellen Uniformen während der Karnevalssaison.

Dies ist darauf zurückzuführen, dass Aachen sowie das gesamte Rheinland von 1794 bis 1814 unter französischer Besatzung waren. Ab dem Jahr 1802 ging dies durch den neu gelegten Verwaltungssitz größtenteils direkt von Aachen aus. Die Franzosen besetzten nicht nur das Land, sondern ordneten unter anderem auch ein Verbot aller Schützenfeste an und riefen für alle Aachener vom 18. bis zum vollendeten 40. Lebensjahr die Militärpflicht aus. All das war nicht nur eine große Belastung für die männliche Bevölkerung, sondern beraubte ihnen auch ihrer lang gepflegten Traditionen und des gesellschaftlichen Lebens.

Kein Wunder also, dass diese Verwaltungsformen der Franzosen von den empörten Bürgern auf heftigste Ablehnung stießen. Sie fanden hierzu eine Möglichkeit, gegen diese Vorgehensweise zu protestieren, indem sie in Lumpenkostümen, die den Militäruniformen nachempfunden waren, vor den Kasernen der Franzosen auf und ab liefen. Dabei sangen sie Schmählieder, um ihre Abneigung auszudrücken und die Franzosen zu verspotten.

Außerdem verhöhnten sie den militärischen Gruß, indem sie ihn absichtlich falsch ausführten. Nach dem Ende der Besatzung durch die Franzosen entwickelten sich in und um Aachen immer mehr Vereine, die das Tragen der Uniform-Kostüme, das Singen der Schmählieder und den sogenannten Narrengruß in ihr Repertoire aufgenommen hatten. Sie alle sprechen sich dadurch klar für den

Antimilitarismus aus, was im Kern bedeutet, dass sie überzeugt waren, sich aller militaristischen Tendenzen innerhalb einer Gesellschaft entgegenzulehnen. Zumindest war genau dies früher das Hauptmotiv des Karnevals. Darauf geht übrigens auch das bereits erwähnte Oecher Schängche – eine berühmte Stabholzpuppe für das berühmte Aachener Puppentheater – zurück, das seit 1921 in Gedenken an die französische Besatzung im Aachener Dialekt aufgeführt wird. Die gesamte Aufführung wurde nach dieser berühmten Stabholzpuppe benannt.

Inzwischen hat sich natürlich so einiges geändert. Der Oecher Penn – die Aachener Stadtgarde – besteht seit 1897 und hat seither bereits mehr als 700 begeisterte Vereinsmitglieder bekommen. Am sogenannten Tulpensonntag findet jedes Jahr ein besonderer Kinderkostümumzug statt. Er ist der einzige Umzug seiner Art in Deutschland und ist wohl der absolute Höhepunkt des Aachener Kinderkarnevals. Wie auch in anderen Regionen beginnt der Aachener Karneval mit der Weiberfastnacht und endet mit dem Rosenmontag. Für Vereinsmitglieder fängt der Spaß allerdings schon ein paar Tage früher an. Es müssen schließlich viele Vorbereitungen getroffen werden, um die kommenden Tage mit viel Programm und Spaß zu füllen. Dabei geht es selbstverständlich immer wie überall feucht-fröhlich zu. In diesem Sinne ein großes „Oche Alaaf!"

DER AACHENER WEIHNACHTSMARKT

Jedes Jahr aufs Neue findet man auf dem Katschhof sowie auf dem Marktplatz während der gesamten Adventszeit ein wahres Weihnachtswunderland vor. In seinen Anfängen in den 70er-Jahren war lediglich vor dem bekannten Elisenbrunnen ein kleiner Printenmarkt aufgebaut. Doch nach und nach häuften sich die Zahlen der Besucher und der Platz wurde allmählich zu knapp. Daher entschied man sich, das Ganze ein wenig auszuweiten.

Inzwischen zählt der Aachener Weihnachtsmarkt mit einer jährlichen Anzahl von 1,5 Millionen Besuchern im Jahr zu den größten Weihnachtsmärkten weiten Teilen Europas. Aus gutem Grund, denn mit seiner einzigartigen Kulisse in der Aachener Altstadt rund um den Dom und das Rathaus sorgt er für diese ganz besondere Atmosphäre. Zu den typischen kulinarischen Köstlichkeiten, die dort an den vielen Ständen ganz speziell angeboten werden, zählen vor allem die Aachener Printen, der Lebkuchen, Spekulatius, Dominosteine und natürlich die Marzipanbrote. Auch in den Schaufenstern der Bäckereien kann man wahre Kunstwerke aus den Süßwaren bewundern und das nicht nur in der Adventszeit, sondern sogar das ganze Jahr über. Eine der wohl bekanntesten Bäckereien ist „Nobis Printen", die sich mit ihren einzigartigen Variationen aus Lebkuchen und Gebäck einen richtig guten Namen gemacht haben.

Seit 1858 besteht die Aachener Bäckerei bereits und inzwischen gibt es in der gesamten Stadt schon viele Filialen. Nobis Printen bestechen durch ihre unverwechselbare Qualität und dienen für viele Besucher der Stadt als gute Anlaufstelle für ein nettes Mitbringsel nach einem Kurzurlaub für die Liebsten zuhause, aber natürlich auch gerne zum eigenen Verzehr. Doch am besten passt diese Spezialität auf jeden Fall in die Adventszeit.

Der wohlige, würzige Duft der süßen Leckereien schwebt während dieser besonderen Zeit durch den gesamten Bereich um die Aachener Altstadt und verbreitet somit den faszinierenden Zauber von Weihnachten, der vor allem die Kindheit vieler mit am meisten geprägt hat. Die Menschen sind ausgelassen und stimmen sich bei Glühwein und Kakao auf die kommende Feriensaison ein. Es ist immer wieder ein fröhliches und buntes Treiben, welches die

Menschen aus den verschiedensten Regionen zusammenbringt. Den allerbesten Glühwein trinkt man übrigens am Stand vor dem bekannten Restaurant „Aachener Postwagen". Dieser besticht nicht nur allein durch seinen überaus leckeren Glühwein, sondern auch durch eine hervorragende Sicht auf das Geschehen auf dem Rathausplatz.

Den wohl traditionellsten Glühwein der Stadt genießt man allerdings am besten am Katschhof, denn dort befindet sich der Oecher-Glühweintreff – Aachens ältester Glühweinmarkt. In Karl´s Icebar zum Beispiel kann man auch verschiedenste Kaltgetränke genießen und sich einen kleinen Imbiss gönnen. Es gibt im Übrigen eine riesengroße Auswahl an Spezialitäten, die man sich nicht entgehen lassen sollte. Frische, saftige Schweinshaxen gibt es beispielsweise im Haxenhaus Offermanns auf dem Marktplatz.

Eine Auswahl an Eifler Spezialitäten findet man bei Ewig und Selt, ebenfalls direkt am Markt. Am Aachener Hexenhof, am Münsterplatz sowie am Katschhof bei Loosen´s Aardenengrill findet man ein großes Angebot an gegrillten Speisen. Was natürlich auch nicht fehlen darf, ist der praktische und super leckere Flammkuchen. Den bekommt man zum Beispiel bei D. Becker am Katschhof. Außerdem werden jedes Jahr mehrere Bahnen zum Eisstockschießen zur Verfügung gestellt, die man vorher schon zu humanen Preisen über die Reservierungs-Homepage mieten kann. Je später allerdings der Abend, desto mehr kostet dann auch so eine Bahn und es kommt natürlich auch auf den jeweiligen Tag an.

Das meiste zahlt man freitag- und samstagabends zwischen 18 und 21 Uhr. Allerdings bringt dieses Event auch immer eine Menge Spaß mit sich und man hat Gelegenheit, die vielleicht schon etwas gefrorenen Gelenke wieder aufzutauen und ein wenig Glühwein auszuschwitzen. Sollte man dann aber zwischendurch doch wieder einen Schuss Zielwasser brauchen, befinden sich eine ganze Reihe von Anlaufstellen direkt nebenan.

Wer schon vorher weiß, dass er sich nicht nur einmal auf dem Aachener Weihnachtsmarkt mit seinen Freunden treffen wird, der hat auch die Möglichkeit, sich vorher schon Wertcoupons zuzulegen, um so etwas sparen zu können. Dies ist ein ganz exklusives Angebot vom Oecher Glühweintreff und ist ideal für Stammkunden während der Weihnachtsmarktsaison. Es können aber auch ganze Flaschen Glühwein vergünstigt erworben werden, ob als Geschenk oder zum eigenen Gebrauch liegt beim Kunden selbst. Aber auch eine Reihe anderer Geschäfte bieten um diese Jahreszeit eine Menge Rabattangebote. Zum Beispiel das in Aachen bekannte Unternehmen Diefenthal, das dort seit 1905 für seine Mützen und Hüte berühmt ist oder auch Badehäuser wie die Carolus Thermen schnüren interessante Wellness- und Verwöhnpakete.

DER OECHER BEND

Seit 1927 findet der Oecher Bend auf dem Bendplatz zwischen Süsterfeldstraße und Henricistraße in der Nähe des Westbahnhofs statt. Zweimal im Jahr freuen sich insgesamt 400.000 begeisterte Kirmesfans auf den Oecher Bend. Genaue Daten, wann das Volksfest stattfindet, werden immer erst zum Anfang des neuen Jahres bekannt gegeben. Allerdings gibt es den Osterbend und den Sommerbend, was zumindest schon einen gewissen Zeitraum vermuten lässt.

Zum ersten Mal erwähnt wurde der Bend schon im Jahr 1413, jedoch gab es zu dieser Zeit noch keinen festen Kirmesplatz und so kam es, dass die Schausteller mit ihren Büdchen und Attraktionen oft umziehen mussten. Erst 1927 fand der Bend das erste Mal auf dem Bendplatz statt und musste seitdem nicht mehr umziehen. Der Platz, auf dem der

Bend alljährlich stattfindet, umfasste bis ins Jahr 2017 ganze 40.000 Quadratmeter. Es gibt jede Menge Highlights auf dem Oecher Bend zu sehen. Von rasanten Fahrgeschäften bis hin zu Spielbuden ist alles vertreten, was das Kirmesherz höher schlagen lässt. Noch dazu ist selbstverständlich auch eine ganze Reihe an Gastronomiebetrieben vor Ort, um für das leibliche Wohl der Gäste zu sorgen.

Obwohl der gesamte Bend, nach reichlicher Diskussion mit der Firma Lindt & Sprüngli, um rund ein Drittel der gesamten Fläche verkleinert wurde, weil dort neue Firmengelände entstehen sollten, ist immer noch reichlich Raum für spannende Momente vorhanden. Besonders schön ist es am späten Abend, wenn die Lichter der Buden in ihrem vollen Glanz leuchten und den gesamten Bendplatz zum Strahlen bringen. Der Blick vom Riesenrad aus ist dann eine wahre Wucht und nicht nur für Kinder ein tolles Erlebnis.

DAS PILGERHORN

Die Aachener Heiligtumsschau ist die große Wall-
fahrt zu den berühmten Reliquien des Aachener
Doms, die seit 1349 alle sieben Jahre stattfand. Die
Pilgerhörner, oder auch Aachhörner, wie sie ge-
nannt werden, wurden auf dem weiten Weg nach
Aachen in einer Töpferwerkstatt in Langerwehe bei
Aachen von Pilgern erstanden und so beginnt ihre
Geschichte.

Einige tausend Menschen strömten zu diesem
Anlass in die Stadt und versammelten sich rund um
den Dom, um sich die heiligen Reliquien der Kirche
anzusehen. Sie alle hatten ihr Pilgerhorn dabei. Im
Jahr 1496 während einer der Heiligtumsschauen
bliesen vor dem Dom alle Pilger in ihre Hörner und
somit entstand in diesem Moment eine neue Tradition, die sich allerdings nur bis ins 17. Jahrhundert
halten konnte.

Denn dieses Hornblasen verursachte einen beachtlichen Lärm inmitten der Altstadt. Heute befindet sich in Langerwehe ein Töpfermuseum, in dem
man die alten Pilgerhörner und die Werkzeuge bewundern kann und auch Aachhörner als Andenken
erwerben kann. Leider wird seit dem Jahr 2007
keine Heiligtumsschau mehr veranstaltet und so

wurde der jahrhundertealte Brauch zur Legende, die aber immer noch zu Aachen gehört.

CHIO – DAS GRÖßTE INTERNATIONALE REITTURNIER

Es findet seit 1924 in Aachen im Sportpark Soers statt. Es ist das einzige Reitturnier in dieser Größenordnung, welches in Deutschland stattfinden darf. Der Veranstalter ist der Aachen-Laurensberger Rennverein, der 1898 gegründet wurde. Der Aachener CHIO besteht aus den Disziplinen Springreiten, Dressurreiten, Fahren und seit 2007 auch aus Vielseitigkeitsreiten und Voltigieren.

Jeweils ein Sieger wird in der Einzel- und Mannschaftswertung (Nationenpreis) bestimmt. Im Springreiten wird im Rahmen des CHIO Aachen „Der Große Preis von Aachen" ausgetragen, der das Hauptspringen an jedem Veranstaltungssonntag ist. Das gesamte Wettkampfprogramm dauert von Freitag bis Sonntag und ist für Pferd als auch Reiter äußerst kräftezehrend. Eröffnet wird das Turnier alljährlich durch die Voltigierer, bevor ein reger Ablauf der verschiedenen Disziplinen stattfindet. Größtenteils finden die Prüfungen tagsüber statt, jedoch wird aufgrund des umfangreichen Programms auch teilweise auf die Abende ausgewichen, bei denen das Stadion mit Fluchtlichtern erleuchtet wird. Das gesamte Event dauert insgesamt neun Tage und findet jedes Jahr ab der zweiten Juliwoche statt.

ANNIKA KIRSCHNER

Leben und Kultur

WIE LEBT DER AACHENER?

Aachen bedeutet für die Bürger in erster Linie Vertrautheit und das lebt er auch aus. Die Stadt ist zwar als Großstadt deklariert, bietet den Menschen jedoch trotz allem die Geborgenheit und das gewisse Kleinstadtgefühl, da sich vor allem die älteren Mitbürger schon lange kennen.

Man wird nicht von Kultur- und Freizeitangeboten erschlagen, sodass man am Ende gar überfordert wäre, sondern nimmt dadurch gerne das Angebot an Konzerten oder Ausstellungen wahr, das gegeben ist. Trotz des überschaubaren Programms ist immer für jeden Geschmack etwas dabei. Die Aachener leben Kontaktfreudigkeit und Offenheit. Dies kommt natürlich auch durch das multikulturelle Dasein durch die Nähe zu Belgien und den Niederlanden, doch auch durch den stetigen Zuwachs neuer Studenten aus ganz Deutschland oder auch aus anderen Nationen. Man lernt hier viel voneinander und interessiert sich für das Neue und Unbekannte

Aachen ist voll von jungen, engagierten Erwachsenen, die voller Potential stecken, etwas Besonderes zugunsten der Stadt zu bewegen. Immer mehr junge Menschen begeistern sich mittlerweile für Kunst und Kultur. Es bietet Raum für Kreativität und neue Erfahrungen. Immer schon gab es begeisterte Anhänger dieser Szene und der Nachwuchs lässt nicht lange auf sich warten, denn nach wie vor strömen Jahr für Jahr neue Studenten aus aller Welt ein, die eine Menge mitzuteilen haben. Daher gibt es immer mehr Menschen, die versuchen, den jungen Künstlern etwas Raum zu schaffen, sich selbst verwirklichen zu können und etwas Sinnvolles zu tun.

Das Lothringer Festival beispielsweise findet bereits seit 20 Jahren statt. Es ist eine ehrenamtlich geführte Initiative für Kunst und Kultur der freischaffenden Künstler in Aachen und Umgebung.

Auch Poebel, eine mittlerweile sehr beliebte Initiative für kreative Kunst aller Art, wurde ins Leben gerufen, um unter den kreativen Köpfen ein Netzwerk zu schaffen. Es bietet den Künstlern eine Plattform, sich auszuprobieren und zu experimentieren.

Hierzu wird alle drei Monate ein Onlinemagazin in Aachen auf den Markt gebracht, in das Inhalte zu Kunst und Kultur hineingepostet werden. Das sind zum Beispiel lyrische Texte, Gedichte, Fotos oder auch Gemälde. Danach wird eine Gemeinschaftsausstellung geplant, in der die Künstler sich untereinander persönlich kennenlernen können. Für diese Treffen werden immer wieder neue, urbane Orte ausgewählt, die noch niemand kennt, um zu zeigen, welche spannenden Ecken es in Aachen noch zu erkunden gibt.

Der Südoase Verein in Aachen bietet eine Bühne für talentierte Musiker und jene, die gerne erst einmal etwas sicherer werden möchten und hierzu dort ihre Auftritte untereinander und vor kleinem Publikum präsentieren. Durch die multikulturelle Lebensart gibt es jede Menge verschiedener Ideen für neue Musikprojekte der Künstler. Begonnen hat das Ganze mit verschiedenen Kursen wie beispielsweise Mal- oder Trommelkursen. Als die Idee einer richtigen Bühne kam, waren nun auch die ersten Jam-Sessions nicht mehr weit. Durch die aktiven Mitwirker hat sich der Verein quasi seit 20 Jahren von selbst entwickelt und stetig vergrößert. Dadurch sind bereits auch viele neue Bands entstanden, weil sie den Raum genutzt haben, sich einfach mal auszuprobieren und gemerkt haben, wer und was zusammen harmoniert.

Auf Dauer soll in Aachen noch mehr Raum für freischaffende Kunst und Kultur bereitgestellt werden, damit sich vor allem die jungen Künstler und Kulturbegeisterte besser ausleben können und Raum haben, sich auszuprobieren, damit Aachens Clubkultur sich weiterentwickeln kann und noch attraktiver wird.

Abgesehen von dieser Art der Freizeitgestaltung liebt es der Aachener, einfach nur an der freien Natur zu sein. Hierzu finden vor allem im Sommer regelmäßig Radtouren im Aachener Umland statt. Aber auch das Wandern im Aachener Wald oder zum Dreiländereck sind nach wie vor beliebte Freizeitbeschäftigungen der Aachener. Auch in der Eifel geht der Aachener gerne spazieren. Natürlich werden auch häufig die Nachbarstädte Maastricht oder Brüssel angepeilt.

Dazu gibt es eine beachtliche Auswahl verschiedener Museen, wie zum Beispiel das Ludwig Forum oder das Suermondt-Ludwig-Museum. Diese gehören zu den größten Museen Aachens. Die Theater in Aachen, das Sinfonieorchester sowie verschiedenste kulturelle Einrichtungen bieten ein breites Spektrum an Veranstaltungen wie Oper, Theater- und

Ballettaufführungen, Konzerte sowie Open-Air-Events. Nicht zu vergessen ist natürlich auch die Badekultur der Aachener, die so schon seit römischen Zeiten praktiziert wurde. Das wohl bekannteste Thermalbad in Aachen sind die Carolus Thermen.

Das architektonisch anspruchsvoll angefertigte Thermalbad bietet eine ganze Reihe an Wasserattraktionen, wie dem Sprudelbecken, dem Whirlpool, den Massagedüsen, Geysire oder auch einzelne Sprudelliegen, wodurch für reichlich Abwechselung beim Baden gesorgt ist. Die wohltuende und heilende Wirkung des Thermalwassers erfreut sich nach wie vor großer Beliebtheit bei den Aachenern. Dazu kommt natürlich noch die beachtliche Saunalandschaft, die zur Entspannung und zur Erholung einlädt.

Danach kann man sich zum Abschluss eines ereignisreichen Tages in einem der vielen Lokale, die Aachen zu bieten hat, einen leckeren Schmaus gönnen. Besonders beliebt bei jungen Leuten ist hierzu die Aachener Pontstraße mit seinem reichhaltigen und kulinarischen Angebot zu erschwinglichen Preisen. Besonders weil es hier viele gemütliche Biergärten gibt, die gerade an lauen Sommerabenden wunderschöne besinnliche Stunden unter freiem Himmel versprechen. Doch auch zu jeder anderen

Jahreszeit kommt hier jeder auf seine Kosten, denn Aachen bietet ein äußerst attraktives und reichhaltiges Angebot an Restaurants, Cafés und Kneipen.

AACHEN ALS HAFEN DES WISSENS

Im direkten Sinne hat Aachen zwar keinen Hafen, jedoch trudeln jedes Jahr aufs Neue viele wissbegierige junge Menschen ein, die sich hier an einer Uni oder Fachhochschule eingeschrieben haben. Eine der bekanntesten Universitäten ist die RWTH Aachen. Die Universität bietet den Studenten eine Auswahl an zehn verschiedenen Fakultäten.

Hier ist alles vertreten, was mit Naturwissenschaften, Mathematik, Informatik, Maschinenbau, Bauingenieurwesen, Medizin, Wirtschaftswissenschaften, Philosophie oder Elektrotechnik zu tun hat. Demnach bietet die RWTH Aachen nicht nur eine ganze Reihe an Studienplätzen, sondern auch etliche Lehrstühle für Professoren.

Im Jahr 2018 wurden zuletzt ganze 564 angestellte Professorinnen und Professoren gezählt. Dazu kommen weitere 5.695 wissenschaftliche Mitarbeiterinnen und Mitarbeiter, einschließlich Drittmittelpersonal, 2.834 Mitarbeiterinnen und

Mitarbeiter in Technik und Verwaltung, einschließ-lich Drittmittelpersonal, und letztendlich 562 Aus-zubildende, Praktikantinnen und Praktikanten. Im Rahmen der Excellenz-Intitiative hat sich die RWTH Aachen die Anpassung von Wissen, Methoden und Erkenntnissen zum Fokus gemacht.

Ziel ist es, ein einzigartiges nationales als auch internationales Bildungsumfeld mit dynamischen Forschungsnetzwerken zu schaffen, das disziplinäre und organisatorische Grenzen überschreitet und das es so noch nirgendwo gibt. Auf dem Programm steht also in erster Linie die Qualtlitätssicherung sowie die stetige Steigerung der Excellenz. Wer hier einen guten Abschluss hinlegt, der hat es im weiteren Ver-lauf der Karriere geschafft, so sagt man sich. Doch der Weg dorthin ist selbstverständlich nicht einfach. Neben der RWTH gibt es aber auch noch die Fach-hochschule oder auch FH Aachen.

Die FH Aachen (University of Applied Sciences) hat etwa 14.000 Studierende, 250 Professoren, 470 Lehrbeauftragte und auch 750 Mitarbeiter in Lehre und Forschung. Auch hier werden Fächer angeboten wie Naturwissenschaften, Informatik, Mathematik und Technik sowie Wirtschaftswissenschaften und Gestaltung. Wie auch an der RWTH wird auch hier viel Wert auf ein gesundes Miteinander gelegt. Es werden regelmäßig Veranstaltungen geplant, die das Leben der Studenten etwas bunter machen. Jeder Studierende soll sich hier wohl und zuhause fühlen. Das setzt natürlich auch eine gewisse Transparenz und Gleichbehandlung aller Studenten voraus, denn jeder soll hier die gleichen Möglichkeiten bekommen, egal welche Hintergründe ihm finanziell oder politisch gesehen vorauseilen, denn nicht jeder hat die Möglichkeit, von Haus aus Unterstützung zu erfahren. Das sorgt dafür, dass die Studenten sich angenommen fühlen und somit zu ihren bestmöglichen Leistungen fähig sind.

Nicht ohne Grund ist Aachen mit seinen Hochschulen in Deutschland, aber auch praktisch auf der ganzen Welt, bekannt für seine überaus fähigen daraus resultierenden Fachkräfte, die hier die hervorragendste Ausbildung genießen durften.

KURORT UND BEKANNTES HEILBAD

Wie schon vielfach erwähnt, ist Aachen schon seit der Antike für seine heilenden, heißen Quellen bekannt. Die insgesamt über 30 verschiedenen Thermalquellen treten in zwei Quellzügen an der Aachener Oberfläche zutage. Der Thermalwasserzug in der Aachener Innenstadt ist über 500 Meter lang und durch zahlreiche Quellvorbrüche charakterisiert. Von ihnen sind vier für die Bevölkerung frei zugänglich und zwei werden bewirtschaftet.

Doch es gibt insgesamt noch weitaus mehr zugängliche Quellen, zum Beispiel in Burtscheid, wo sich der bekannte Kurort befindet. Zu den berühmtesten Kurgästen gehörten unter anderem natürlich Karl der Große, der deutsche Maler Albrecht Dürer, der Komponist Georg Friedrich Händel, Napoleon Bonaparte sowie seine Schwester und Mutter und noch viele weitere nationale und internationale Gäste.

Ein großer Teil des Einzuggebietes der Thermalquellen befindet sich im Bereich des Hohen Venn und des Aachener Waldes. Durch ihre höher gelegene Lage muss das Wasser stetig abgepumpt werden, damit keine Sümpfe oder Teiche in der talgelegenen Aachener Innenstadt entstehen. In früheren Zeiten war dies häufig der Fall und sorgte für etliche warme Tümpel im Innenstadtbereich. Die Aachener und Burtscheider Thermalquellen sind allesamt schwefel- und fluoridhaltig und enthalten Natriumchlorid. Sie unterscheiden sich jedoch maßgeblich in ihrer Temperatur.

So sind die Burtscheider Quellen mit ihren 74 °C im Vergleich zu denen in der Aachener Innenstadt etwa 20 °C wärmer. Der berühmte Geruch der Aachener Thermalquellen ist auf den starken Schwefelgehalt, zum Beispiel Schwefelwasserstoff, oder auch auf andere Schwefelverbindungen zurückzuführen. Dadurch entstanden früher so einige Legenden wie zum Beispiel die Sage mit dem Bahkauv. Die Burtscheider Thermalquelle ist durch seine wärmere Temperatur ärmer an organischen Schwefelverbindungen und somit geruchsneutraler.

Nachdem Aachens Innenstadt bei einem Brand im Jahr 1656 fast vollständig zerstört wurde, wurden auch die Badehäuser nach und nach neu gestaltet und errichtet. Einer der modernsten Kur- und Badezentren seiner Zeit sollte entstehen. Es gab öffentliche Trinkbrunnen, Gartenanlagen, zahlreiche Kurhotels und Herbergen mit neuen Bädern. Zu den neuen Badeanlagen zählten das Rosen- und das

Corneliusbad sowie das Karlsbad, die später zum Herrenbad-Komplex zusammengelegt wurden.

Nach dem Zweiten Weltkrieg gab es zahlreiche Pläne, den Badebetrieb wieder zu beleben. Die am wenigsten zerstörten Kurhäuser konnten schnell wieder mit dem Betrieb fortfahren, andere wurden beispielsweise umgebaut und auf die Weise zu einem großen Badezentrum zusammengelegt. Das stark zerstörte Kaiserbad wurde 15 Jahre nach dem Krieg abgerissen, die Quellfassung saniert und durch einen modernen Flachbau ersetzt. Es hat sich im Laufe der Jahrhunderte also sehr viel verändert.

Dennoch zählt Aachen bis heute zu den bekanntesten und wirksamsten Kur- und Heilbädern, die eine schnelle und langanhaltende Genesung bei den verschiedensten Beschwerden versprechen. Die meisten Kurpatienten, die nach Aachen kommen, leiden an Rheuma, Hauterkrankungen oder Gelenk- und Rückenbeschwerden. Aber auch psychosomatische Erkrankungen oder Schwächezustände sind keine Seltenheit unter den Patienten.

Hier bekommt man ganz individuelle Behandlungen und Therapieverfahren geboten. Es gibt Badekuren im schwefelhaltigen Thermalwasser, Bewegungsbäder und Krankengymnastik im warmen Wasser, Massagen, Sporttherapie, Sauna, diverse

Kneipp-Anwendungen und vieles mehr. Insgesamt gibt es 5.200 Betten in den Kurhäusern. Der Kurbetrieb wird ganzjährig angeboten, sodass möglichst viele Patienten die Chance haben, schnell geheilt zu werden.

Außerdem sind die Badehäuser alle sehr zentral gelegen, damit die übrigen Freizeitangebote gut erreichbar sind. Das und die jahrelange Erfahrung sowie die hohe Qualität des Angebotes machen das Aachener Badewesen aus.

Tipps & Insiderwissen

HOTELS FÜR DEN ÜPPIGEN UND DEN SCHLANKEN GELDBEUTEL

Hier gilt natürlich auch in erster Linie: Preise vergleichen! Am besten funktioniert das auf jeden Fall online. Trotzdem habe ich für Sie eine kleine Auswahl an Übernachtungsmöglichkeiten zusammengestellt, die in verschiedene Preisklassen eingeteilt sind. Es kommt natürlich auch immer darauf an, wie viel Komfort das Zimmer bieten muss oder ob es auch ein Frühstück geben sollte, was im Preis inbegriffen ist.

Wenn es gerne etwas luxuriöser sein darf, hat Aachen definitiv eine Menge wunderschöner Hotels zu bieten, in denen es einem an nichts mangelt. Zum Beispiel wäre da das **INNSIDE by Melia´ Aachen**, welches sich in erster Linie durch seine perfekte Innenstadtlage auszeichnet. Das moderne Hotel ist nur neun Gehminuten vom Aachener Dom, sieben Gehminuten vom Couven-Museum und zwei Kilometer vom Bahnhof Aachen West entfernt.

Außerdem bietet es ein Panorama-Restaurant mit einer Dachterrasse, die einen gigantischen Ausblick beim Essen verspricht. Die Zimmer sind eher etwas minimalistischer gehalten, aber das ist natürlich alles eine Frage des persönlichen Geschmacks. Ohne Verpflegung zahlt man hier für ein Doppelzimmer etwa 117 € die Nacht. Wer es gerne traditionell mag, der ist im **Wellnesshotel Quellenhof in Aachen** bestens aufgehoben.

Für rund 160 € die Nacht bekommt man hier den Luxus der Extraklasse. Frühstück sowie Parkmöglichkeiten sind hier im Preis inbegriffen. Das Hotel im klassizistischen Stil liegt sehr idyllisch direkt am Aachener Kurpark und ist trotz allem sehr zentral zum Dom und zur Pfalzkapelle gelegen. Zudem gibt es einen exklusiven Wellnessbereich mit Sauna und Poolanlage. Ein eindrucksvolles Restaurant in Form einer gehobenen Brasserie sowie zwei Bars im asiatischen Stil und im Kolonialstil. Die klassischen

Zimmer und Suiten verfügen sowohl über lange Seidenvorhänge als auch über sehr edle Marmorbäder. Auch ganz besonders eindrucksvoll ist das **Aquis Grana City Hotel,** welches man bereits für 121 € pro Nacht buchen kann.

Das besondere Highlight ist hier, dass das Frühstück im Zimmer serviert wird oder es kann am reichhaltigen Buffet gegessen werden. Allerdings gibt es auch eine Hotelbar sowie ein Café. Die Lage ist ebenfalls kaum zu toppen. Zum zentral gelegenen Elisenbrunnen sind es nur etwa 300 Meter.

Etwas preisgünstiger, aber sicher nicht wesentlich weniger komfortabel wohnt man im **Hotel Lousberg.** Dieses gemütliche, kleine Hotel unterhält überschaubare 31 Zimmer und bietet ein gutes Frühstück zu einem sehr angenehmen Preis von 12 € an. Das zwanglose Hotel ist vier Gehminuten vom Kongresszentrum Eurogress Aachen und dreizehn Gehminuten vom Aachener Dom entfernt.

Daher auch für Geschäftsreisende ideal. Die schlichten Zimmer mit schalldichten Fenstern bieten WLAN gegen eine kleine Gebühr, einen Flachbildfernseher, eine Minibar und einen Schreibtisch. Die Suiten haben außerdem eine Küchenzeile. Suiten mit zwei Schlafzimmern bieten Platz für bis zu sechs Personen. Kinder bis einschließlich sechs Jahren übernachten kostenlos in Begleitung eines Erwachsenen. Parkplätze sind ebenfalls vorhanden. Das charmante **Best Western Plus Hotel** ist ebenfalls eine der Top-Adressen für ein super Preis/Leistungsverhältnis. Hier bekommt man ein Zimmer schon ab 79 €. Gegen Aufpreis kann man sich zusätzlich auch am Frühstücksbuffet bedienen.

Die gemütlichen Zimmer wurden alle 2018 erneuert und bieten daher maximalen Komfort. Es gibt auch hier einen Wellnessbereich mit Sauna und Spa-Anwendungen, die man in Anspruch nehmen kann. Die Lage des Hotels ist ebenfalls sehr zentral. Zu guter Letzt gibt es noch ein ganz spezielles Angebot, bevor es zu den Low Budget Hotels kommt, und zwar ist die **Ferienwohnung Carpe Diem** eine nette Abwechslung für jene, die sich gerne selbst verpflegen möchten und unabhängig sein wollen. Eine Übernachtung, in dem für zwei Personen ausgelegten Apartment mit Balkon, kostet hier etwa 79 €. Die Ferienwohnung besticht durch ihre ausgesprochen gute Lage und der komfortablen, modernen Ausstattung mit Innenpool und Sauna.

Wer bei der Unterkunft gerne ein wenig sparen möchte, verbringt die Nacht am besten im **Ibis Budget Aachen City**. Wie der Name schon vermuten lässt, ist dieses Hotel sehr zentral gelegen, nämlich direkt im Herzen von Aachen zwischen Altstadt und der Messe Eurogress Aachen. Ein Zimmer mit kostenlosem WLAN und morgendlichem Frühstücksbuffet steht hier bereits für erschwingliche 51 € zur Verfügung. Nicht ganz so günstig, aber trotzdem ein absolut perfektes Preis-/Leistungsangebot bietet das **Superior Art Hotel Aachen**.

Hier bekommt man für etwa 72 € ein top Komfortzimmer inklusive Frühstück. Außerdem liegt das Hotel nur etwa einen Kilometer vom Aachener Tierpark, zwei Kilometer vom Bahnhof Aachen und knapp drei Kilometer vom Aachener Dom entfernt. Es ist also etwas ruhig, abseits vom Trubel der Innenstadt gelegen. Die modern ausgestatteten Zimmer sind neben dem eleganten, mediterranen Restaurant, mit der offenen Küche und Kunstausstellungen, nur eines der vielen Highlights.

Außerdem gibt es sowohl eine Bar als auch ein Café. Zur weiteren Hotelausstattung gehören ein Innenpool, zwei Saunen (gegen Gebühr), ein Business Center und Tagungsräume. Zum Schluss bleibt noch das **Bestprice Hotel Aachen City** zu erwähnen. Ein Zimmer zur Übernachtung mit Frühstücksbuffet bekommt man hier schon für 66 €. WLAN ist in diesem Hotel kostenfrei. Das Hotel liegt gegenüber von einem kleinen Park und ist nur drei Gehminuten vom

Aachener Hauptbahnhof entfernt. Das Hotel ist modern und klassisch eingerichtet und bietet genau das, was es für einen entspannten Aufenthalt braucht.

Im Übrigen sind in allen oben aufgeführten Hotels Haustiere gegen einen kleinen Aufpreis gestattet und alle genannten Hotels sind Nichtraucherhotels. Die größte Flexibilität bietet selbstverständlich immer noch die Unterkunftssuche über das Internetportal **RBNB**, die mittlerweile auch schon mobil per App genutzt werden kann. Hier kann man sehr kostengünstig bei Einheimischen einkehren, die ihre Wohnung für eine gewisse Zeit komplett vermieten oder aber einzelne Räume zur Verfügung stellen.

LECKERE SPEISEN GANZ NACH IHREM GESCHMACK

Ein gutes Essen gehört im Urlaub genauso dazu wie ein gutes Hotel. Auch hier gehen natürlich die Geschmäcker weit auseinander. Zum einen, was die angebotenen Speisen selbst betrifft, zum anderen, das was das Ambiente und den Charakter des Restaurants angeht. Mittlerweile verlässt sich der Deutsche doch sehr auf die Bewertungen, die man heute nur zur Genüge im Netz findet.

Doch nicht immer entsprechen diese Kritiken auch vollständig der Wahrheit. Oft wird schlichtweg aus einer Laune heraus ein Text abgetippt, ohne sich darüber im Klaren zu sein, was eine eventuell sogar ungerechtfertigte schlechte Kritik für einen Gastwirt ausmachen kann. Trotzdem verspricht man sich dadurch natürlich Anhaltspunkte, damit der Abend mit einem guten Mahl genauso toll endet, wie er begonnen hat. Die ideale Lösung ist allerdings nach wie vor, einfach losziehen und sich ein eigenes Bild machen. Dazu hört man dann am besten auf sein gutes altes Bauchgefühl und entdeckt vielleicht eine völlig unterschätzte Perle der Gastwirtschaft.

Sucht man ein lebhafteres Plätzchen mit einem jüngeren Publikum und einer großen kulinarischen Auswahl, ist man in der Aachener Pontstraße definitiv gut aufgestellt. Hier ist vom urigen Italiener im alten Fachwerkhaus bis hin zum hippen asiatischen Sushi Meister alles vertreten und das auch noch zu erschwinglichen Preisen. Man sollte sich allerdings darüber im Klaren sein, dass immer ein reger Betrieb herrscht und nicht alle Restaurants eine Reservierung anbieten.

Am besten macht man sich also schon frühzeitig Gedanken, wonach einem zumute ist und begibt sich schon am frühen Abend, zum Beispiel gegen 17 Uhr, in die Pontstraße. Auf diese Weise hat man noch eine gute Chance, einen schönen Tisch für den Abend zu bekommen und am Ende ist dann auch noch Zeit für einen Verdauungsspaziergang in der Aachener Altstadt. Für diejenigen, die es eher eilig haben, was das Essen betrifft, gibt es natürlich auch eine Reihe Alternativen für einen schnellen Imbiss oder eine Mahlzeit auf die Hand. Besonders beliebt ist hier der türkische Döner oder eine reichlich gefüllte Nudelbox mit frischem, asiatischem Gemüse. Restaurants, wie zum Beispiel **3h – Burgers**, **Dat Frittebüdche**, **Holla die Waldfee** oder **Mama und Papa Tai,** bieten zudem eine große Auswahl an verschiedenen **veganen** und **vegetarischen** Gerichten.

Doch auch außerhalb der Pontstraße gibt es noch unwahrscheinlich viele tolle Restaurants. Das mittlerweile sehr bekannte Sushi Restaurant **Crazy Sushi** in Büchel 53 bietet eine hervorragende Auswahl an leckeren Makis und auf Wunsch auch vegetarische Sushirolls. Die Inhaberin hat ihr Restaurant bereits seit 17 Jahren und setzt beim Essen vor allem auf Qualität und nicht auf Masse.

Trotzdem reichen die Portionen völlig aus und man speist in einer modernen Atmosphäre. Wieder etwas weiter Richtung Innenstadt, in der Krämerstraße 2, befindet sich der **Aachener Postwagen.**

Dieses Ambiente ist einfach unbezahlbar. Man hat einen fantastischen Blick auf den Aachener Marktplatz und sitzt trotzdem sehr geschützt wie in einer Art Kutsche. Schon die Außenfassade des Gebäudes ist sehr vielversprechend.

Die gemütliche Stube lädt zum langen Verweilen ein und versprüht ein ganz unverwechselbares Ambiente. Hier gibt es seit 1902 leckeres Bier vom Fass und dazu ein herzhaftes, rustikales Essen. Bei **La Becassa** in der belebten Hanbrucherstraße 1 gibt es hervorragende französische Feinschmeckerküche. In unmittelbarer Nähe befindet sich das mediterrane Speiselokal **Restaurant Verano Aachen**. Hier gönnt man sich zwischen Ziegelsteinwänden und roten Möbeln eine gutbürgerliche Mahlzeit.

FÜR COCKTAILLIEBHABER, KNEIPENGÄNGER UND ALLE ARTEN VON NACHTSCHWÄRMERN

Café Extrablatt:
Die überschaubare, aber gut strukturierte Speisekarte hält ein leckeres Sortiment bereit. Burger, Pizza, Salate, Nudelgerichte und Snacks werden hier mit viel Liebe zubereitet. Die üppige Getränkekarte bietet eine tolle Auswahl verschiedener Cocktails.

Allesamt sehr exotisch, lecker und stets frisch zubereitet. Shaker Time findet täglich ab 17 Uhr bis open end statt. Alle Cocktails kosten dann nur 4,95 € und alle Jumbo-Cocktails 5,95 €.

Direkt am Markt gelegen bietet das Café einen großzügigen Außenbereich, aber auch beliebte Plätze im hellen Glasanbau. Außerdem gibt es Brunch an jedem Morgen: Pancakes, Rührei, süßer, aber auch herzhafter Aufschnitt, Obst und kalte Getränke wie Orangensaft sind nur eine kleine Auswahl der vielen Köstlichkeiten, die dieses Frühstücksbuffet zu bieten hat. Unter der Woche bekommt man sein Frühstück hier für 10 €. Am Wochenende kostet es 12 €.

Tijuhana Aachen

Ebenfalls direkt am Markt gelegen ist das urige Lokal mit alten Holzdielen und terrakottafarbenen Wänden und bietet Tex-Mex-Kost, Cocktails und Karaoke. Perfekt für einen entspannten Abend mit Freunden. Jeden Freitag ab 21 Uhr ist Karaoke angesagt, jeden Dienstag ab 17 Uhr gibt es alle Gerichte zum halben Preis und jeden Samstag und Sonntag essen Kinder bis zu zwölf Jahren hier kostenlos.

Die Aachener Clubszene ist mit den Jahren etwas geschrumpft, da die vielen Bars und Kneipen offenbar mehr Anklang bei den Einheimischen gefunden haben. Allerdings sind die Clubs, die es geschafft haben, umso gigantischer. Ein paar davon sind in der bereits mehrfach erwähnten Pontstraße vorzufinden.

Das Apollo beispielsweise ist Kino und Club in einem. Es bietet anspruchsvolle Filme in drei Sälen sowie Bar und Terrasse und einen Saal für Auftritt und Disco.

Jeden zweiten Samstag im Monat findet hier außerdem eine Gay-Party mit verschiedenen Liveacts statt. Ebenfalls in der Pontstraße gelegen ist der Club **Lessie Fair**. Hier findet man die wohl niedrigsten Getränkepreise Aachens vor. Ständig gibt es neue Angebote und außerdem finden hier regelmäßig witzige Karaoke-Sessions statt. Das Aachener Lokal

SOWISO ist zwar nicht direkt eine Disco, jedoch sehr weitläufig aufgebaut mit einer großen Terrasse und einem extra Bereich für Kicker, Darts und Sport-TV und daher weit entfernt davon, nur eine kleinen Bar zu sein.

Etwa 100 Meter südlich des Elisenbrunnens befindet sich die Bar **Nightlife**. Dieser Szeneclub ist der älteste Nachtclub Aachens. Er existiert bereits 40

Jahre am selben Ort und hat auch noch nie den Besitzer gewechselt. Der Fokus liegt hier auf Rock & Metal, Techno & Hardcore, Gothik & Mottopartys, aber zwischendurch findet auch mal eine 80er/90er Party hier statt. Das Partyprogramm ist also äußerst abwechslungsreich. Ab 6 Uhr morgens verwandelt sich dieser Club zurück in den ehemaligen Club Ritz und bietet auch für die unermüdlichsten Partygäste eine After Hour bis in die Mittagszeit.

Hier kommen aufgrund der fairen Getränkepreise sowohl Studenten als auch alte Partyhasen auf ihre Kosten. Ebenfalls sehr zentral, in der Nähe des Bushofes gelegen, befinden sich das **NOX** und das **KaiXers.** Während das KaiXers ein kleiner gemütlicher Club im Gewölbekeller ist, der ein eher familiäres Publikum beherbergt, ist das NOX bekannt für vielerlei Act's auf zwei Floors. Dieser moderne Loungeclub ist ein beliebter Treffpunkt mitten in Aachen. Gezahlt wird hier mit Chips, die vorher gegen Bargeld getauscht werden.

Bar zum goldenen Einhorn

Diese Bar ist die älteste überlieferte Gastronomie Aachens. Die urgemütlichen Räumlichkeiten sind sowohl bei den Einheimischen als auch bei den Besuchern gleichermaßen beliebt. Die schöne

Außenterrasse bietet einen tollen Blick auf das Aachener Rathaus und so speist man inmitten einer eindrucksvollen Kulisse. Hier bekommt man vom Küchenmeister Dieter Becker gutbürgerliche Speisen sowie auch Spezialitäten aus der Kreativabteilung in höchster Qualität zubereitet.

Guinness House

Für Fans der irischen Kneipenkultur findet sich in Aachen natürlich auch so einiges. Sehr zentral in einer Seitenstraße zum Marktplatz befindet sich beispielsweise das Guinness House. Der gemütliche Pub schenkt traditionelle irische Biere aus. Vorwiegend wird hier selbstverständlich ganz authentisch in der Landessprache kommuniziert, ist jedoch kein Muss.

Die Café & Bar Zuhause

in der Sandkaulstraße lädt zum gemütlichen Relaxen wie im heimischen Wohnzimmer ein. Es bietet Drinks aller Art zu Sport- und Tatort-TV, Comedy und Jam-Sessions. Eine Kegelbahn kann übrigens ebenfalls gemietet werden. Die alten Möbel und Sitzgarnituren bieten ein ganz außergewöhnliches Flair. Ein Blick genügt, um festzustellen: Hier wird man sich so wohl fühlen wie in Omas altem Wohnzimmer.

Das Schlüsselloch

In dieser kleinen, urigen Rockerkneipe im Boxgraben finden sich regelmäßig viele Newcomerbands ein und heizen den Gästen richtig ein. Die Musik ist dabei ein Mix aus Rock, Metal und Alternative. Die Drinks sind günstig und man bekommt die Künstler aufgrund der überschaubaren Größe ziemlich nahe zu Gesicht. Hier kann man definitiv unvergessliche Abende verbringen und dabei ordentlich abrocken.

Etwas außerhalb der Innenstadt, aber nicht weit entfernt, liegt die Aachener Promenadenstraße. Sie mausert sich seit Jahren zu einer angesagten Adresse, vor allem für Studenten. Eine Auswahl ausgefallener Kneipen & Bars, wie zum Beispiel die **WG**, das **Sturmfrei** oder dem **Kiezkini**, sind vorhanden. Außerdem eine Vielzahl an Imbissen. Leckere Pizza und orientalische Gerichte sowie eine Shisha Bar findet man hier. Die WG zum Beispiel fasziniert durch die Raumaufteilung und das Design in jedem einzelnen Zimmer. Es ist, als befinde man sich auf einer Hausparty in einer fremden WG und doch ist es, als wäre man schon einmal dort gewesen. Alle Gastronomiebetriebe versprühen hier ihren ganz eigenen Charme.

GEMÜTLICH BUMMELN UND EINKAUFEN

Das wohl größte und bekannteste Einkaufszentrum in Aachen ist das Aquis Plaza. Auf rund 29.000 Quadratmetern befinden sich etwa 130 Geschäfte und Dienstleistungsangebote sowie Gastronomiebetriebe verschiedenster Art. Das Zentrum liegt sehr zentral direkt in der Hauptfußgängerzone Aachens am Kugelbrunnen.

Daher gestaltet sich die Anfahrt mit den öffentlichen Verkehrsmitteln sehr einfach. Es gibt allerdings auch ein Parkhaus direkt am Einkaufszentrum mit etwa 600 Parkplätzen. Auf insgesamt drei Etagen bietet das Aquis Plaza mit seinen lichtdurchfluteten Ebenen ein spektakuläres Shoppingerlebnis für die ganze Familie. Außerhalb des Plaza findet man allerdings ebenfalls eine große Auswahl verschiedenster Geschäfte und kleinen Lokalen. Durch die zentrale Lage ist die Altstadt in nur wenigen Gehminuten ebenfalls zu erreichen.

Im Herzen der Aachener Altstadt liegt zum Beispiel die wunderschöne Annastraße. Sie eignet sich perfekt, um gemütlich durchzuschlendern und sich ein bisschen berieseln zu lassen. Am Rande der kleinen, authentischen Straße befinden sich hinter den eindrucksvollen alten Fassaden und aufwendig gestalteten Schaufenstern zahlreiche Geschäfte und kleine Läden, die ein ganz besonderes Angebot bereithalten.

Es gibt unter anderem eine Auswahl an verschiedenen Aachener Delikatessenläden, in denen man besonders Feinkost und spezielle Gewürze vorfindet. Aber auch Modebegeisterte und Kunstliebhaber kommen in der Annastraße auf ihre Kosten. Es gibt außerdem eine tolle Auswahl an Antiquitätenläden, in denen man tolle Schätze und Schmuck aus längst vergangenen Tagen findet. Im hippen Café Liegé, mit seinen bunten Stühlen und ausgefallenem Flair, ist anschließend Zeit für ein leckeres Stück Kuchen.

Auf dem Aachener Rathausplatz findet außerdem jeden Dienstag, Donnerstag und Samstag-vormittag der Wochenmarkt statt. An bestimmten Tagen findet dieser allerdings auch vor dem Elisenbrunnen statt. Hier werden neben frischen Lebensmitteln aus der Region auch die schönsten Blumen angeboten. Inmitten der einzigartigen Kulisse bietet der Wochenmarkt also für die Anwohner einen besonderen Treffpunkt zum Einkaufen und ist auch bei den vielen Besuchern sehr beliebt.

THEATER, KUNST UND CO.

Aachen bietet eine Fülle an verschiedenen Theatern und Schauspielkunst. Das **Öcher Schängche** beispielsweise ist ein berühmtes Puppentheater, welches besonders Kindern seit nunmehr Jahrzehnten große Freude bereitet. Ein weiteres Highlight bringt das **Black Table Magic Theater** nach Aachen. Ein Zaubertheater, bei dem Jung und Alt atemberaubende Zaubershows live miterleben können.

Das mystische, dunkle Ambiente sorgt für das besondere, magische Feeling, welches die Zuschauer hier während der 60-minütigen Show erleben dürfen. Ein besonderes Unterhaltungsprogramm bietet auch das **DA IS THEATER**. Hier werden vorwiegend Eigenproduktionen in Form von Kindertheater, Kinderpädagogik und sonstiges Kinderprogramm vorgeführt. Aber auch Kabaretttheater und Konzerte finden hier regelmäßig statt. Ein Besuch lohnt sich also definitiv. Das **Aachener Stadttheater** sollte unbedingt auch noch auf die Liste. Die beeindruckende Geschichte dieses Zentrums für Schauspiel und Kunst geht bis ins Jahr 1825 zurück, als es eröffnet wurde, und hat nach wie vor spannende Aufführungen darzubieten. Als Kulturhaus für Schauspiel und Musiktheater eröffnet, steht es nun in Nachfolge des früheren **Alten Komödienhaus** am Katschhof.

Ein sehr interessantes Ziel ist auch das **Couven-Museum** unweit des Aachener Rathauses in einem auffälligen Rokoko-Haus gelegen. Hier wird der Aachener Architekt Jakob Couven geehrt, der für die Erschaffung zahlreicher berühmter Bauwerke in Aachen verantwortlich ist. Es gibt auch eine beeindruckende Sammlung barocker Möbel, die man hier präsentiert bekommt.

GEHEIME ORTE, DIE MAN UNBEDINGT AUFSUCHEN SOLLTE

Der Aachener **Moltkepark** ist eine sehr interessante Adresse, wenn es um Entspannung im Grünen, gepaart mit etwas Kultur, gehen soll. Dieser riesige Park mit einer gigantischen Skateboardanlage, Tischtennisplatten und einem Basketballplatz ist für Sportbegeisterte ein idealer Treffpunkt, um sich gemeinsam auszupowern.

Neben einer beachtlichen Grünfläche zum Abschalten gibt es auch ein Kreativhaus, in dem regelmäßig Kunstinstallationen zu sehen sind. Außerdem finden oft verschiedene Workshops, Events und Festivals statt. Man erreicht diesen Park am besten durch die Haltestelle am Kaiserplatz. In der unmittelbaren Nähe des Kaiserplatzes befindet sich auch die noch nicht allzu bekannte **Gravieranstalt**.

Hier gibt es für jeden kreativen Kopf etwas zu erleben. Künstler aus verschiedensten Genres stellen hier regelmäßig ihre Werke aus. Egal ob Kunstausstellungen oder Livemusik – jeder kommt hier auf seine Kosten. Der Aachener Kunstverein lockt ebenfalls mit seinem bunten Kulturangebot direkt im Aachener **Stadtgarten.** Hier tummeln sich vor allem in den Sommermonaten gerne die einheimischen Aachener und verbringen in den grünen Gartenanlagen und auf den Wiesen lauschige Tage. Eine andere Art von Insidertipp ist die sogenannte **Stundenparty** in der Studentenbar **Kiezkini** in der Promenadenstraße. Hier spielt jeden ersten Sonntag im Monat alles eine Stunde lang verrückt.

Getränke kosten allesamt einen Euro, egal was man bestellt, und die Musik wird bis aufs Äußerste aufgedreht. Dazu kommt zuallererst einmal eine witzige Ansprache vom Wirt, bevor es richtig zur Sache geht. Um Punkt 22 Uhr geht es dann los. Eingeleitet mit einer kräftigen Bierdusche durch die anwesende Partycrowd, kommt hier innerhalb von Sekunden eine wahnsinnig energiegeladene Stimmung auf und auch der letzte Partymuffel wird aus den Stiefeln gepustet.

Man sollte allerdings daran denken, ein trockenes Outfit zum Wechseln mitzubringen und es am besten hinter dem Tresen zu deponieren, denn hier bleibt wirklich niemand trocken. Das Dreiländereck ist natürlich schon lange kein geheimer Treffpunkt mehr. Dennoch bietet es eine Reihe an Hotspots, die weniger bekannt sind als zum Beispiel der große Balduin-Turm. Unter anderem findet man am Vaalsberg den höchstgelegenen **Wasserspielplatz** der Niederlande sowie ein **Labyrinth** und auch einen **Bikerpark** für Sportfans. In der groß angelegten Sportanlage sorgen die diversen Abzweigungen und die hügelige, natürliche Beschaffenheit des Bodens für einen einzigartigen Nervenkitzel beim Mountainbike fahren. Das Tragen eines Helms ist hier Pflicht und unerlässlich. Im Labyrinth kommt die ganze Familie auf ihre Kosten.

Für die ganz schnellen Entdecker des Auswegs ragen zwei Aussichtstürme in die Höhe, von denen aus man einen guten Blick auf das Labyrinth hat, und außerdem ein Restaurant, welches leckere Snacks zur Stärkung bereithält. Die holländische Stadt Maastricht ist quasi nur einen Katzensprung von Aachen entfernt und ist super bequem mit dem Bus zu erreichen.

Für ein paar Euros kann man hier im nie

überfüllten Bus Platz nehmen und seine Reise nach **Maastricht** antreten. Allein der Weg dorthin würde schon als Highlight genügen. Man fährt inmitten von weiter, hügeliger Landschaft und kann die wunderschönen alten Bauernhäuser bewundern, bevor man schließlich in den verträumten Niederlanden eintrifft. In Maastricht angekommen, kann man sich vom Charme der typischen niederländischen Architektur und den interessanten Menschen verzaubern lassen.

TOLLE AUSFLUGSZIELE UNWEIT DER INNENSTADT

Zuerst muss natürlich das **Dreiländereck** benannt werden, welches etwa fünf Kilometer westlich von Aachens Innenstadt liegt. Der höchste Berg mit unglaublichen 322 Metern über dem Meeresspiegel ist der Vaalsberg, auf welchem sich der Dreiländerpunkt befindet. Dieser verknüpft Deutschland, Holland und Belgien miteinander. Der 50 Meter hohe Balduin-Turm bietet einen ganz und gar spektakulären Ausblick über diese drei Länder. Eingebettet in einem schönen Waldgebiet ist dieser Aussichtsturm das perfekte Ziel für eine Wanderung von der Aachener Innenstadt aus.

Der **Drehturm Belvedere** auf dem Lousberg bietet wunderbares Essen und einen tollen Ausblick über Aachen. Zudem lädt der Wanderweg dorthin zum Schwelgen in alten Geschichten ein, da man zum Beispiel das berühmte Denkmal vom Teufel und der Magdfrau zu sehen bekommt.

Ein weiteres beliebtes Ausflugsziel ist außerdem das **Wasserschloss Burgau** im Dürener Stadtteil Niederau. Das im Mittelalter erbaute Schloss wurde in den 1980er-Jahren liebevoll wieder rekonstruiert. Die **Burg Nideggen** ist dagegen ein besonderes Highlight in der Eifel und das Wahrzeichen der Stadt Nideggen. Im Mittelalter besaß die auf einem steilen Felsen errichtete Befestigungsanlage den Ruf, uneinnehmbar zu sein. Sie enthält heute auch ein Burgenmuseum, in dem man Ritterrüstungen und das noch erhaltene Verlies bewundern kann. Aber auch das romantische barocke **Wasserschloss Dyck** erzählt eine beeindruckende Geschichte. Es ist von einem riesigen alten Park umgeben und ist daher auch ein willkommener Ort für Naturliebhaber.

Die **Selfkantbahn** hält eine weitere Besonderheit parat. Auf der letzten erhaltenen Schmalspurstrecke der ehemaligen Geilenkirchener Kreisbahn befindet sich an Sonn- und Feiertagen ein Museumsbetrieb mit historischen Dampflokomotiven.

Ebenfalls an längst vergessene Zeiten erinnert das **Aachener Zeitungsmuseum** mit seinen über 170.000 Zeitungen aus 400 Jahren Zeitungsgeschichte.

In Hückelhoven hält die **Air-Power-Arena** eine ganz besondere Art des Fliegens für Sie bereit. Hier wird in einem Windtunnel eine Luftströmung erzeugt, die sozusagen einen freien Fall simuliert. Ein ganz besonderes Erlebnis für alle, die gerne einmal in sicherer Umgebung abheben möchten. Mittlerweile gibt es sogar ein Bodyflying-Mobil, welches für größere Veranstaltungen vor Ort gemietet werden kann. Definitiv bleibt damit jedes Firmenevent oder jede Familienfeier lange im Gedächtnis. Ganz in der Nähe gibt es übrigens auch noch das **Abenteuerland Fridolino**. Dieses Indoor-Spieleparadies mit einer Gesamtfläche von 3.500 Quadratmetern lässt Kinderherzen höher schlagen.

Ideal für einen Tagesausflug ist außerdem der **Tier- und Freizeitpark Alsdorf**. Es gibt viele Spielgeräte für Kinder und auch einen Streichelzoo. Es kann Minigolf gespielt oder eine Runde mit Floß und Kahn auf dem eigens angelegten See gedreht werden. Der Eintritt hier ist zudem kostenlos. Man zahlt lediglich eine Parkgebühr von zwei Euro, welche ausschließlich den Tieren zugutekommen. Nicht weniger beliebte Ausflugsziele sind der **Wildpark Gangelt**, mit seinen wunderschön angelegten Grünflächen und einer großen Ansammlung europäischer Wildtiere, oder aber das **Bubenheimer Spieleland**, mit seinem gigantischen Abenteuerspielwald, welcher auf alle Fälle einen Besuch wert ist.

Im Sommer und auch im Winter lockt das **Parkbad Wasserberg** mit drei Innenbecken und Außenbecken neben einer großzügigen Liegewiese für Sonnenanbeter und einem Sandspielplatz für Kinder. Besonders beliebt ist hier die Black-Hole-Wasserrutsche mit ihren besonderen Lichteffekten.

Superfly Air Sports in Aachen ist etwas für energiegeladene Trampolinfans jeden Alters. In dem 4.000 Quadratmeter großen Trampolinpark kann man sich nach Lust und Laune auspowern. Die Sprunglandschaft bietet eine super Auswahl an Attraktionen zum Hüpfen, Fliegen, Klettern und Springen. Der freie Fall vom Trapez wird gebremst durch ein Meer aus weichen Schaumstoffkissen und der aufwendig gestaltete Parcourbereich kann sich ebenfalls sehen lassen. Hier kommt definitiv keine Langeweile auf.

Die historische Stadt **Monschau** wird mit ihren vielen verschachtelten Fachwerkhäusern und barocken Wohnhäusern nicht umsonst als Perle der Eifel bezeichnet. Sie liegt in einem romantischen Tal der Ruhe und beherbergt über 200 Baudenkmäler und viele Museen sowie das „Rote Haus" mit seiner komplett erhaltenen Inneneinrichtung.

Anreise und Verkehr in der City

WICHTIGE HINWEISE ZUR ANREISE MIT DEM ZUG ODER PKW

In Aachen befinden sich drei große, kostenpflichtige Parkhäuser in der Nähe der Innenstadt. Etwas außerhalb von Aachen, zum Beispiel in Stolberg direkt am Hauptbahnhof, befindet sich einer von vier Parkplätzen, die einen Shuttleservice in die Stadt anbieten. Dieses Park & Ride-System ist eine tolle Alternative und dazu zeitlich unbegrenzt. Lassen Sie Ihren PKW doch einfach an einem der vier

P+R-Plätze am Aachener Stadtrand stehen. Von dort können Sie per Bus für 5 Euro mit bis zu fünf Personen in die City fahren.

Wer in Aachen direkt, jedoch nicht in einer öffentlichen Parkgarage parken möchte, wird feststellen, dass es hier etwas Übung braucht. Viele Parkmöglichkeiten liegen hier im Gefälle und so kann das Einparken schon einmal zur Herausforderung werden. Entfernt man sich etwas vom Innenstadtbereich, wird man hier jedoch auch genug Möglichkeiten finden, kostenfrei zu parken. Die nächsten Autobahnen sind die A 4 Olpe – Köln – Aachen und die A 44 Düsseldorf – Neuss – Aachen.

Ansonsten ist Aachen sehr gut angebunden, was den Zugverkehr betrifft. Theoretisch kann man seinen PKW also getrost zuhause lassen, wenn man einen Ausflug nach Aachen plant. Es gibt insgesamt fünf Bahnhöfe inklusive Hauptbahnhof, an denen jeden Tag etliche Züge verkehren. Hierzu gibt es auch spezielle Tarife zum Beispiel für Gruppen. Dies gilt natürlich auch für den innerstädtischen Verkehr in Aachen.

ÖFFENTLICHE VERKEHRSMITTEL

In Aachen gibt es an 26 Bushaltestellen und in vier Gebäuden "Dynamische Fahrgastinformationsanlagen" mit den aktuellen Abfahrtszeiten der Busse. Die vielen Linienbusse bringen Sie entweder direkt in die Aachener City oder auch zu einem der vielen anderen Hotspots, die man unbedingt aufsuchen sollte. Natürlich kann man sich auch ganz umweltfreundlich ein Zweirad oder einen modernen E-Scooter ausleihen.

Damit werden Stoßzeiten, in denen die Busse eventuell sehr überfüllt sind, gekonnt umgangen. Um sich das Leihen so bequem wie möglich zu gestalten, lädt man sich vorzugsweise die App von Velocity Aachen herunter, über die man einfach und unkompliziert das gewünschte Gefährt auswählen und orten kann.

Für die E-Scooter gibt es die VOI-App. Über diese App kann man einen der 400 Scooter auswählen, freischalten und sofort nutzen. Man kann selbstverständlich auch ganz klassisch ein Taxi nehmen, um zum gewünschten Ziel zu gelangen. Diese finden sich in Aachen so gut wie an jeder Ecke, sodass man nur noch einsteigen und es sich bequem machen muss.

Zum Abschied ein paar Worte

Nun kann es endlich losgehen! Dieser Reiseführer soll Ihnen als kleiner Leitfaden dienen, um auch die etwas unbekannteren Perlen Aachens kennenzulernen. Diese Stadt ist zwar keine Metropole, jedoch ist sie nicht umsonst für viele Neuankömmlinge zur neuen Wahlheimat geworden, denn sie hat einiges zu bieten.

Wer hier etwas Besonderes erleben möchte, wird definitiv nicht enttäuscht werden. Dabei ist völlig egal, wie lange der Aufenthalt dauert und mit wem man seine Reisezeit plant. Es gibt für jeden Geschmack und für jedes Budget eine tolle Auswahl. In diesem Sinne wünsche ich Ihnen eine ganz wunder-volle, unvergessliche Zeit im wunderschönen Städt-chen Aachen. Es sei Ihnen versprochen, dass Sie sich verlieben werden, wenn Sie es nicht schon sind.

Packliste

Geld & Finanzen

O (evtl.) Auslandswährung
O Bargeld
O Bauchtasche
O Brustbeutel
O Bauchtasche
O EC-Karte
O Kreditkarte
O Notfall-Telefonnummern der Banken
O Portmonee

Hygiene

O Haarbürste / Kamm
O Deo (klein)
O Shampoo
O Kulturtasche
O Sonnencreme

O Taschentücher
O Reise-Zahnbürste und Zahnpasta
O Verhütungsmittel

Kleidung

O Badeklamotten
O Gürtel
O Hosen kurz / lang
O Mütze / Cap / Hut
O Pullover
O Regenjacke
O Schlafanzug
O Socken
O Sonnenbrille
O Sportklamotten / Jogginghose
O T-Shirts
O Unterwäsche

Medikamente

O Blasenpflaster
O Anti-Durchfalltabletten

O Erste-Hilfe-Set

O Fiebertabletten

O Fiebertabletten

O Mückenschutz

O sonstige Medikamente

O Pflaster

O Kopfschmerztabletten

Unterlagen & Papiere

O ADAC Unterlagen

O Adresslisten für Postkarten

O Krankversicherungsnachweis

O Stadtplan

O Führerschein

O Unterlagen für die Unterkunft

O Wasserdichte Hülle für Reiseunterlagen

O Impfausweis

O Mietwagenunterlagen

O Personalausweis

O Reisepass

O Reisetagebuch

O evtl. Studentenausweis
O evtl. Visum
O Zug- / Bahn- / Flugticket

Taschen & Rucksäcke

O Koffer / Trolley / Reisetasche
O Regenhülle für Rucksack
O Rucksack

Schuhe

O Badeschlappen / Hausschuhe
O Schuhe und Wechselschuhe

Sonstiges

O Brille / Kontaktlinsen und Etui
O Buch zum Lesen
O Ohrenstöpsel und Schlafmaske
O Regenschirm
O Reisedecke
O Wasserflasche

O Wörterbuch

Elektronik

O Digitalkamera

O Handy

O Ladekabel

O Kopfhörer

O evtl. Steckdosenadapter

O Power-Bank

Herstellung und Verlag:
BoD – Books on Demand, Norderstedt
ISBN: 9783751985499

© Annika Kirschner 2020
1. Auflage
Kontakt: Psiana eCom UG/ Berumer Str. 44/ 26844 Jemgum
Covergestaltung: Fenna Larsson
Coverfoto: depositphotos.com

FSC
www.fsc.org

MIX

Papier aus ver-
antwortungsvollen
Quellen
Paper from
responsible sources

FSC® C105338